石川和男
Ishikawa Kazuo

決算書は、「ここ」しか読まない

企業の伸びしろを
1分で見抜く「読み方のルール」

PHP

はじめに

　現代ほど、会計の知識があらゆるビジネスパーソンにとって必要とされる時代はない。

　これは、簿記講師・税理士・民間企業の経理担当役員という３つの立場から、会社や企業の数字を長年見てきた私の持論です。

　例えば、あなたがある建設会社に転職したとしましょう。

　このとき、会計の知識が一切いらない部署はあるでしょうか？

　もちろん経理部や財務部は、会社の資金繰りの計算のために会計の知識は必須です。また、人事部は配置先の人件費を考えるために、総務部は社会保険費用を考えるために、会計の知識が必要になります。

　では、土木や建築の現場担当者はどうか？　一見不要に思われるかもしれませんが、原価計算、実行予算、概算報告書作成のためには会計の知識は必要です。

　営業部の場合は、得意先の会社が経営の危機に陥っていないか、代金はちゃんと回収できるのかなど、先方の経営状況を知るために必要になります。

　出世して管理職になれば、各部署の予算管理のために会計の知識は必要です。最終的に、あなたが経営者になったら、会社の安全面や収益性、将来性を正しく把握し、適切な経営判断を行い、社員やその家族を守るために、会計の知識が必要になります。

「経営の神様」とも称された稲盛和夫氏は、『稲盛和夫の実学』（日本経済新聞出版）を出版した理由を「私の考える経営の要諦、原理原則を会計的視点から表現したものであり、少し過激な表現であるが、『**会計が分からんで経営ができるか**』という思いで出版させていただいた」と説いています。

　このように、どんな職種、どんな立場になっても、会計の知識は必要なのです。

　なぜかというと、**会計の知識はビジネスの構造を理解することに直結しているから**です。

　日本一の書評家、出版プロデューサーの土井英司氏は、「お金持ちになりたい、ビジネスで成功したい人は、決算書を読めないと話になりません。なぜなら**決算書を読めないと、ビジネスの構造が分からない**、自分の仕事がどう利益に結びついているか分からない」と説いています。

　また、「会計が分かったからといって事業は成功するとは限らない。しかし、**会計が分からないと事業は成功しない**」という言葉もあります。

　これら先人の言葉も含めて考えれば、「**決算書が読めずに仕事はできない**」とすらいえるのです。

　ただし、会計・経理担当者以外は、簿記の方法、つまり、仕訳帳などの帳簿記入といった、**決算書の作り方まで学ぶ必要はありません。**

　決算書の作り方から学ぶのは、たしかに正しい手順ですが、骨が折れます。学ぶ過程で、面倒になって、会計や決算

書を嫌いになったり、苦手意識が芽生えてしまったりすれば、かえって逆効果です。

　スマホを例に考えてみてください。スマホの作り方なんて分からなくても、スマホを使うことはできますよね。同じように、決算書の作り方が分からなくても、決算書を使って情報を得たり、様々な分析を行うことはできるのです。

　経理担当者の方々が苦労して作成した**会計帳簿の最終系こそが決算書**です。つまり、決算書とは、会社経営の結果を数字で明らかにしたものなのです。

　だから、経理担当者以外のあなたは、**決算書を作る必要はなく、ただ読めればいい**のです。

　さらにいえば、会社組織や投資先、取引先の状況を知る上で避けては通れないのが、**決算書の分析**です。

　しかし、多くのビジネスパーソンが、「どう分析していいか分からない」「数字の羅列を見ただけで読む気が失せる」「なんとか読むことはできても、活かすことができない」という悩みを抱え、十分に仕事に活かせていない状況を私はこれまで多々、見てきました。

　そこで本書は、これまで決算書を読むことに苦手意識を抱えてきた人でも、**決算書を最短最速で読めるようになり、企業分析ができるようになる1冊**をテーマに執筆しました。

　本書では、タイトルの通りに、決算書のなかで読むべき項目や順番について、ビジネスパーソンの実務に関係の深い項目を効率的に網羅できるように解説しています。

　したがって、本書で紹介する「項目の優先順位」「読む順

番」が身につけば、**決算書を見たとき、1分もあればざっと勘所が分かるようになる**はずです。

　そうすれば、どんな会社の「伸びしろ」（＝収益性、将来性）もたちどころに見抜けるようになります。

　ここまで、自己紹介が遅くなりました。石川和男と申します。現在、建設会社の経理担当役員として勤めながら、税理士としても開業し、簿記講師、大学講師、人材派遣会社など2社の取締役をしています。

　現時点で、簿記の講師を20年以上続けています。そのうち15年間は大手専門学校で、日商簿記、財務諸表論、財務分析の講座を担当し、分かりづらい決算書の読み方や分析を分かりやすく伝えることで受講生を合格へと導いてきました。幸いなことに「全国合格率第1位」「好感度アンケート第1位」といった実績もいただくことができました。さらに大学では、これから社会に出る学生に会計の重要性を伝えています。

　実際の業務の面でも、税理士の仕事を通じて、経営者の資金繰りや財務状況の悩みを聴き、決算書のポイントをお伝えすることで解決策を見出してきました。また民間企業の経理を担当することで、様々な会計の問題にも通じています。

　このように、簿記講師・税理士・民間企業の経理担当という3つの立場からの経験を通じて、会計について分かりやすく解説できると自負しています。

　本文に入る前にもう1点だけ補足すると、決算書を読むの

に煩雑な会計知識は一切いりません。むしろ余計な知識があると、かえって読むのに時間がかかってしまいます。そういう意味では、例えば新入社員や新米管理職・マネジャーの方などで、まだ決算書を読み始めて日の浅い人はチャンスです。

この機会に「決算書を徹底的に効率よく読むために必要な知識」を吸収して、そこに注力することで、決算書を最短で理解し、様々な企業の強み・弱みを分析できるようになってほしいと思います。

本書は、数字アレルギーの方でも読みやすいように、数字はあえて少ない額で表示している箇所もあります。純資産の細かい項目や例外規定など、本筋と関係ない点はカットしています。

世の中には 50 以上の分析方法があります。使う方法が多ければ多いほどいいというものではありません。かえって混乱の原因になります。重要な分析手法に絞りこむ、まさに**決算書は、「ここ」しか読まない！　と決めることが重要**です。

決算書を難しくとらえず、興味を持って読んでみてください。大変だと思うところは読み飛ばし、あなたの実状にあった箇所や興味を持った箇所を深掘りして読んでみてください。

そうすれば、今まで数字の羅列にしか見えなかった箇所の意味がスルスル分かり、決算書を読むのが楽しくなり、仕事に必要な知識も得られます。

本書があなたの会計の悩みを解決し、円滑に仕事を進められる一助になれば幸いです。

CONTENTS | 決算書は、「ここ」しか読まない

第3章 損益計算書は、
「ここ」しか読まない

第 *1* 章

決算書が
最速で読めれば、
仕事も人生も
一変する！

01 │ 細かすぎる知識は、最速で読むには邪魔になる

森を知るのに、木の隅々まで見る必要はない

「木を見て森を見ず」という格言があります。「1本1本の木に注意を奪われると森全体が見えなくなる」ことから「物事の細部に気をとられて全体を見失う、つまり、些細なことにこだわりすぎて本質を見落とす」という意味です。

もちろん、経理担当者は木も見なければなりません。森である決算書を作るためには、1本1本の木である細かい項目を見て記録しなければならないからです。

後述しますが、決算書の中心は**「貸借対照表」「損益計算書」**です。貸借対照表は**「資産」「負債」「純資産」**から構成され、損益計算書は**「収益」「費用」**から構成されています。

これら5項目は、決算になって突然、姿を現わすわけではありません。決算日の1年前から、5項目それぞれを記録し最終的に記録した1年分の項目を、決算書に集合させます。5項目は、現金、普通預金、建物、備品、借入金、資本金、売上、給料……など細目に分けて記録する必要があります。

現金はいくらあるのか、受取手形の残高はいくら残っているか、商品の代金や売上高、借金はいくら残っているかなど、正しい決算書を作るためには、経理担当者は1年間、木を見続けなければなりません。

しかし、経理担当者以外は、木を見る必要はありません。

図1　販売費及び一般管理費

給料手当
役員報酬
賞与
退職金
法定福利費
福利厚生費
通信費
　⋮

色々あるけど
同じ費用の
仲間!

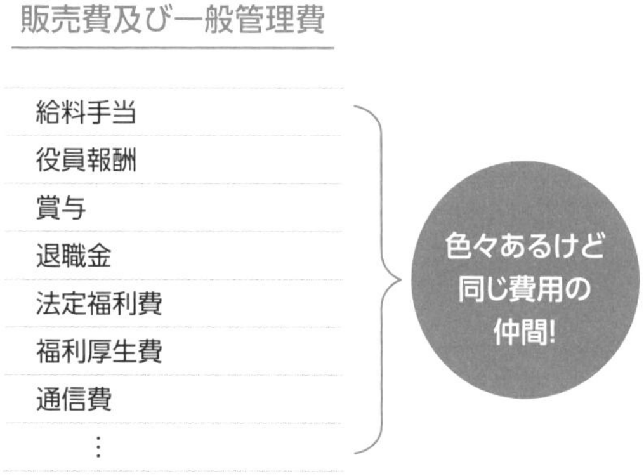

森の概要だけ、サッと分かればいいのです。

　また、決算書を読むときには、法定福利費と福利厚生費、交際費と会議費など、似たような科目が多く出てきます。これらの違いにいちいち目を向けていると先に進めません。例えば、これらは「販売費及び一般管理費」という同じ仲間で、収益を得るために必要な費用のグループと把握しておくだけでいいのです。

　もちろん、より深く科目を理解することは、後学のため新たな知識を得るためには邪魔にはなりません。しかし、決算書を読むには、「資産」「負債」「純資産」「収益」「費用」——この基本の5項目のどのグループなのかを押さえるだけでいいのです。**「決算書は、絞って読むもの」**なのです。

Point!

決算書の細かい項目をいちいち把握する必要はない。まずは基本の5項目を押さえて読む意識を持とう!

決算書は「上から読んではいけない」 たった3分で概要を理解するコツ

 決算書には「読む順番」がある！

　決算書と、ビジネス書には、共通点があります。それは**「最初から順番に読む必要はない」**ということです。

　読む目的を設定して、その目的を解決していく読み方でもいいし、全体にざっと目を通してから興味のある箇所を読んでもいい。目次から自分が必要だと思うコンテンツを探し、当たりをつけて読んでもいいし、すでに知っているコンテンツは読み飛ばしてもいい。

　大事なのは、読むだけで満足しないことです。実用書に書かれているスキルが身につかなければ意味がないように、決算書も読むだけでは意味がなく、そこから企業分析や事業の改善などの打ち手を見出すことが重要なのです。

　だから、決算書も読む順番にこだわる必要はありません。特に決算書の中心である貸借対照表、損益計算書、そしてキャッシュ・フロー計算書は、上から順番に読んでいくと、大変な上に、重要な箇所に到達しません。

　例えば、図2の貸借対照表を上から読むと、現金及び預金 11,892,879,987、受取手形及び売掛金 320,000,000、商品及び製品 48,755,239、原材料及び貯蔵品 22,987,888、繰延税金資産 988,555、為替予約 8,988,888、貸倒引当金 ▲ 2,501,555 ……と表示科目と金額を順番に読むことになります。しか

図2

貸借対照表

2020◯年3月31日 （単位：円）

流動資産	
現金及び預金	11,892,879,987
受取手形及び売掛金	320,000,000
商品及び製品	48,755,239
原材料及び貯蔵品	22,987,888
繰延税金資産	988,555
為替予約	8,988,888
貸倒引当金	▲ 2,501,555
⋮	⋮
⋮	⋮
⋮	⋮
⋮	⋮
資産合計	**450,000,000,000**

読み飛ばして

ここから読む！

し、一番大切なのはここではありません。

　後述しますが、貸借対照表は、まず左側の1番下にある「資産合計」を見て会社の規模を把握し、続いて右側にある「負債合計」「純資産合計」を確認するといった順番で読みます。上から順に読んでいては、一番大切な部分にたどり着きません。

　損益計算書も同じです。上から順に、給料手当448,255,699、役員報酬180,000,000、賞与254,200,000……と大量にある表示科目と金額を見ていくうちに、嫌になってしまうでしょう。

　こちらもまずやるべきは、本業でどれだけ活躍したかを表す「売上高」の確認です。次に、その結果である「5つの利益」──「売上総利益」「営業利益」「経常利益」「税引前当

図3

損益計算書

202●年4月1日～202○年3月31日 （単位：億円）

売上高	5,000	← 売上高と
〜		
売上総利益	2,000	
〜		
営業利益	1,500	
〜		5つの利益
経常利益	1,800	から読む！
〜		
税引前当期純利益	1,200	
〜		
当期純利益	800	

期純利益」「当期純利益」をチェックする。読む順番を決めていれば、3分もあれば概要を把握できるようになります。

いかがでしょうか。

あなたは、過去に決算書を読んだときに、なんとなく上から順番に読んでいませんでしたか？

これでは、いつまでたっても決算書を最速で読む習慣は身につきません。

「上から順番にやりたくなる」人間心理に潜む罠

余談ですが、あなたは今、仕事のタスク管理はどうしていますか？

例えば、パソコン画面の両サイドに貼ったふせんでタスク管理をしたり、財布のなかにやることを書いたメモ紙が放置されていたり、机の右端に15時に面談を予定している得意先の名刺が置いてあったり、そして頭のなかには「ファイリ

ングしなきゃ、通帳を記帳しなきゃ、帰りに公共料金の支払いをしなきゃ」といったタスクがいくつも浮かんでいたり……このようにタスク管理がゴチャゴチャだと、一体どれだけの仕事があるか、何をすればいいか、把握できませんよね。

そんなとき「やるべきこと」をすべてノートに書き出せば「完全に見える化」できて、どれだけの仕事量があるかも把握できます。人に任せる仕事、先延ばししていい仕事、優先順位の高い仕事など、やることがすべて一箇所に書いてある効果は計り知れません。

ただ、このときに注意したいのは**「人は書き出したことを上から順番にやりたくなる習性がある」**ことです。

無意識にタスクを書き出していると、書き出した順番に仕事を始め、下に書いてしまった重要なこと、緊急性の高いタスクが後回しになる可能性があります。したがって、全体を俯瞰（ふかん）して、優先順位の高い仕事、緊急性の高い仕事から先に行う必要があります。

決算書も同じです。人は上から読んでしまう習性があるので、意識しないとそのまま上から読もうとします。前述したように、木を見て森を見ずで、重要な箇所を見逃してしまいます。

決算書には、重要なところを押さえるために、読むべき順番がある。そのことを強く意識してください。

Point!
決算書の「読む順番」をまずは知ろう。
上からすべての項目をチェックしたくなる
誘惑に負けない！

決算書が読めると、社会を見る目が一変する!

決算書は「リアルな企業の姿」を教えてくれる

　決算書が読めるようになると、企業の内部事情や実態が分かるようになります。見える景色が変われば、社会を見る目が一変し、仕事も楽しくなります。

　以前、ある「万引き事件」が報道されました。

　中古品販売店で、アニメ「鉄人28号」のブリキ製のおもちゃが万引きされたというものです（すでに犯人は逮捕済）。こちらの商品の販売価格は27万円といわれていました。

　当時、この商品の買取価格が8万円という噂が流れ（非公表）、ネットをにぎわせました。ネットニュースのコメント欄には「8万円で購入したのに27万円で売るなんて、19万円も儲けてズルい。ぼったくり！　こんなもの盗まれて当たり前！　天罰だ！」という趣旨のコメントがありました。

　このコメントについて、あなたはどう思いますか？

　19万円の儲けは、会計上でいえば、「売上総利益」といわれ、売上高から仕入価格（売上原価）を差し引いた商品そのものの儲けです。

　しかし、ここから従業員に支払った給料、社会保険料、電気・ガス・水道代、広告宣伝費、商品の保管料、地代・家賃、そして今回のように万引きされて失った商品の盗難損失

売上高	27 万円
売上原価	8 万円
売上総利益	19 万円

ここから
給料、法定福利費、光熱費
など差し引く!

など、諸々の費用が差し引かれて、最終的な儲けになるのです。このことをコメントした投稿者はまったく分かっていないのです。

　決算書の中心は、貸借対照表と損益計算書です。
　企業にとって、**貸借対照表は健康診断書、損益計算書は成績表**ともいわれています。
「成績表」である損益計算書では、本業でいくら儲けたか、本業以外でいくら儲けたかが分かります。
　例えば、企業のコンサルタントを副業で行っている会社があるとします。しかし、損益計算書を見ると本業の利益率は低い。つまり、副業のコンサル業務で儲けていて、本業ではほとんど儲かっていないことが分かり、「自社の本業をコンサルしたら？」と、ツッコミを入れたくなります。
　さらに損益計算書では、どのような原因で利益が出たのか5段階に分けて、見ることができるようになっています。
　例えば、「販売費及び一般管理費」にある給料手当が同業他社と比較して異常に高い会社の場合、その理由が残業が多いからなのか、もしくは、社員の高齢化が進んで1人当たりの給料が高くなっているのかなど、細かく分析して原因を推

測し、改善策を見つけることができます。

　あるいは「特別損益の部」という、滅多にないレアケースな部門があります。この部門の特別損失という項目に「特別退職金」「事業構造改善費」などといった名称で計上されている科目は、その会社でリストラを実施したことを示しています。

　このように各社の決算書を読めるようになれば、こんな風にすらすらと会社分析ができます。

● IT系のビジネスだと固定資産は少ないけれど、鉄道会社は電車や枕木など、固定資産が異常に多いんだな。通常は流動比率には気をつけなきゃならないけれど、鉄道会社は例外だな。
● この会社は売上が多いけれど、自己資本比率が低い。何かあったときは、債務超過に陥る可能性があるから、危険だな。
● ベンチャーで勢いがあると評判のこの会社、決算書を見たら借入金が多い。信用がなくて支払利息の金利も高いから今後の経営も厳しいのかな……。

　今の時点ではピンとこない話もあると思いますが、読み進めていくと分かってきます。

　決算書が読めなかったときは、「どう分析していいか分からない」「数字の羅列を見ただけで読む気が失せる」「なんとか読むことはできても、とても時間がかかる」と思っていたのに、決算書が読めるようになれば、**一度目を通すだけで、**

違和感のある数字や、その業界ならではの指標が分かるようになります。 それこそが決算書を読めるようになることの醍醐味なのです。

Point!

決算書が読めるようになると、企業の状態はもちろん、業界や経済にも精通し、社会を見る目がガラリと変わる！

04 | 経営者こそ、決算の知識が必要な理由

経営者が決算書を読めれば防げた「不測の事態」

読者の方のなかには、決算業務なんて経理担当者に一任していればいい、自分は本業の仕事に力を入れたい、と思っている方もいるかもしれません。

たしかにそのとおりです。ただし、あなたが自身の会社の経営者、あるいは将来的にそれに類する立場になるのであれば、絶対に決算書は読めたほうがいい。

なぜなら、世の中には「経営者が決算書を読めなかった」せいで起きた、不幸な事例が後を絶たないからです。

まず、信頼していた経理担当者に大金を持ち逃げされたというケース。

以前、誰もが知る超有名ロック歌手が、30億円以上もの大金を持ち逃げされる事件がありました。「自分の右腕」とも呼べる人物に、会計をすべて任せたことによって持ち逃げされるといったニュースは後を絶ちません。

しかし、このような事態は月に1度、経営状況をチェックする体制を取るだけで防げます。そのためには**自身の目で決算書をチェックするのがもっとも手っ取り早い**方法です。

あるいは、本業で儲かっていたのに倒産するケース。

同じ「資産」でも、現金と売掛金、建物、貸付金では性質がまったく異なります。月末の支払いをしようと資金を経理に確認したら、現金がなく、売掛金と受取手形ばかりだった。このような場合に生じるのが黒字倒産です。この事態は、各々の資産の違いを把握しておけば、防ぐことができたでしょう。

10年以上前に読んだある書籍に**「決算書を経営者が適切に読めていれば、倒産という最悪の事態は十分に回避することができる」**と書いてあり、妙に納得した記憶があります。

最後に、同業他社より、税金を多く納めてしまったというケース。

税務調査のときに追徴金を取られなかった。これは一見、喜ばしいことですが、税理士による安全策で、節税対策をまったくしていない決算処理だったかもしれません。

決算書を読む力があれば、税理士や経理担当者と話し合うことで、回避できる可能性があります。少なくとも経営者が決算書をしっかり読めるということが、税理士や経理担当者へのいいプレッシャーになるでしょう。

Point!

経営には不測の事態がつきもの。
そんなリスクは、決算書を読めるだけで軽減される。

なぜ決算書は必要か？
——利害関係者の視点から

決算書が様々な会社の「比較」を可能にしている

突然ですが、あなたの会社を取り巻く「利害関係者」を頭に思い浮かべてみてください。

お客さま？　仕入先？　ほかにもいる？　と思われたかもしれません。

私が簿記講師として全国を回っているとき、「あなたが理髪店の経営者になったとして、その理髪店を取り巻く利害関係者には、どんな方がいると思いますか？」と質問すると、あげられる取引先の数は、多くても7つくらいでした。

しかし、実際には、企業の取引先は様々です。

得意先、仕入先、取引先、国、地方公共団体、商工会議所、法人会、税務署、銀行ほか金融機関、協力会社、関係会社、親会社、子会社、債権者、債務者、投資家、株主、消費者、従業員、就活生……思い浮かぶだけでも、これだけいます。

これらの利害関係者は、決算書を読むことで様々な判断を行っています。

得意先、仕入先、取引先は、安心して取引ができるかを判断します。

銀行ほか金融機関は、お金を貸し付けられるか、無事に回

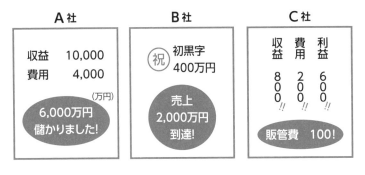

図5

A社

収益　　10,000
費用　　　4,000

（万円）

6,000万円
儲かりました！

B社

㊗初黒字
400万円

売上
2,000万円
到達！

C社

収益　費用　利益

800　200　600
!!　　!!　　!!

販管費　100！

収できるかを判断します。

　投資家、株主は、株価動向が気になります。

　税務署は税金が適正に計算されているか。

　従業員は会社が存続するか、賞与はもらえるか。

　そして、これだけ多くの利害関係者がいるということは統一した様式の決算書でなければ大変です。

　財テクの勉強をしようとか、どの商社と取引しようかなと考えたときに様々な相手先の決算書を見ることがあります。

　もしA社、B社、C社の3社が、それぞれ好き勝手に図5のような決算書を作っていたら、どの会社が儲かっているのか、どの会社の財政状態がいいのかなどが分かりづらく業者間の比較ができなくなりますよね。

　あるいは、D社は1年でこれだけ儲かり、E社は8か月でこれだけ儲かり、F社は3か月で、G社は5年で……などと、期間がバラバラの決算書を見せられても、比較することはできません。そこで1年間という統一した期間を設けて

報告するというルールがあります。この期間を**会計期間**といいます。

　個人事業主（会社を設立せずに、個人で事業を営む人）は1月1日から12月31日の1年間です。

　会社組織も同じ1年間ですが、期間は任意です。そのため4月1日～3月31日、8月1日～7月31日、個人と同じ1月1日～12月31日など様々な会社があります。

　会計期間が決まっていることで、この1年間でどれだけ儲かったのか、どれだけ財産や借金があるのかなど、企業を取り巻く利害関係者に明らかにできるのです。

Point!
決算書があるから「比較」ができる。
煩雑に見える決算書のルールも、なければ困ることばかりだ。

第2章

決算書を
最速で読むための
基礎知識

01 | 経営視点で読み解く
「決算書」の必要性

簿記とは、あらゆるお金の流れを
帳簿に記録すること

　第１章では、決算書が最速で読めるようになることのメリットをお伝えしました。

　第２章では、「決算書を最速で読むための基礎知識」と題して、企業の成績表と呼ばれる「損益計算書」及び健康診断書である「貸借対照表」について見ていきます。

　話を分かりやすくするために、あなたが美容院を経営するという体で話を進めていきましょう。なんとなくでしか理解していない会計用語や、全体的な流れも確認していきます。

　せっかくなので、私が全国で開催しているセミナー風にお届けします。あなたもセミナーを受けている感覚でお楽しみください。

　突然ですが「これから美容院を開業する！」と決意してみてください。

　本当に、いきなり決意させて申し訳ありません。

　美容院を開業するとしたら、何が必要だと思いますか？
　ハサミ、鏡、ドライヤー、タオル……。
　頭の体操だと思って、１分ほど考えてみてください。

　いくつか思いつきましたか？

　先ほどあげた例のほかに、シャンプー、コンディショナー、ワックス、クシ、レジスター、雑誌、イス、テーブル……用意するものは、たくさんありますよね。

　では、改めて美容院を開業するとしたら何が必要なのか？

　まずは、あなたがコツコツためた貯金や退職金を、これから作る会社にプレゼントします。

　このことを会計用語で**「出資する」**といいます。

　会社側からすると、そのお金を「元手」にして開業の準備をします。

　店舗がないと事業ができないため土地や建物を買ったり借りたりします。

　今回は借りることにしましょう。そうすると、敷金、礼金、保証料、前払家賃、仲介手数料などがかかります。お金は出ていきますが、代わりに店舗用の土地と建物を確保できました。

　店舗の賃貸に思いのほかお金がかかったので、銀行からお金を借りました。300万円を借りたら、手元に300万円のお金が入ってきますが、同時に将来300万円を返済する義務も発生します。

　内装をして、イスや鏡、シャンプー台、レジスターなどを用意します。シャンプーやコンディショナーを購入してお金を支払います。

　無事に開業できたら、お客さまの髪を整えるサービスの見

返りとしてお金をいただきます。

　従業員が一生懸命働いてくれたお礼に給料を支払います。

　そのほか、毎月、電気、ガス、水道代などを支払います。

　1年間で100万円儲かったので、税務署に税金を納めます。

　このように、起業すると様々な取引が発生します。

　では、これらの取引をすべてあなたの頭のなかに「記憶」しておけるでしょうか？

　敷金はいくらあって退去するときには戻ってきて、銀行から300万円を借りていたけれど120万円を返したから残り180万円で、それに対する金利が2％だから……、今日はお客さまが20人来たから20人×3,000円で60,000円……、あっ！　髪を切られすぎたと目に涙を浮かべた子がいたから1,000円値引きしたんだった。そうすると……。

　会社が存続する限り、ずっとこんなことが続くんです。それを頭に記憶しておけるのか？

　無理ですよね。ムダですよね！　そんなことを記憶しておく必要はありません！　では、どうするのか？

「記憶」するのではなく「記録」します。

　どこに？　**「帳簿」というノートに記録をするのです。**

　この「帳**簿**に**記**録する」の「簿」と「記」の字を取って「**簿記**」と呼ばれています。

Point!

会社に開業の資金を出すことを「出資」、会社のお金の出入りを記録することを「簿記」という。

02 ｜「当社はこんな状況です！」損益計算書、貸借対照表の意味

会社の経営成績、財政状態を利害関係者に周知する

　先ほど、簿記の必要性について述べましたが、あれはすべて内部管理的な話、つまり「うちの社員が困るから」という会社側の都合でした。

　しかし、帳簿に記録する目的、つまり簿記の目的は、実はもうひとつあるのです。

　それは**企業を取り巻く利害関係者の皆さまに「うちの会社ってこういう状況なんですよ！」と伝える役割**です。

　美容院を開業したときに出てきた登場人物を思い出してみてください。

　シャンプーやコンディショナーの仕入業者。商品を購入するときに現金で支払っているなら問題はありません。商品と引き換えに現金を受け払いする取引を、そのままですが「**現金取引**」といいます。

　しかし、何度も現金取引を繰り返すのは面倒ですよね。そこで「お金は一括して後からでいいですよ」という取引があります。例えば、4月の3日、6日、10日、18日、25日に発生した商品代金を、まとめて翌月の25日や末日に受け払いする取引です。

この取引を「信用取引」といいます。信用して後から受け払いするので、こちらもそのままの意味ですよね。飲み屋などの、いわゆる「つけ」ですが、会計では「掛取引」といいます。

　しかし、このとき仕入先としては、「この会社がどれだけ儲かっているのか？　財産や借金はいくらあるのか？」などの状況が分からなければ、怖くて信用取引なんてできません。

　銀行もそうです。銀行はお金を貸すのが仕事です。しかし、いくら「貸したい」と思っていても、相手の会社がどんな状況なのか分からないと、怖くてお金を貸すことができません。

　税務署も、経営者が「わたしの頭のなかの記憶だと、ジャスト100万円儲かったから、今回はズバリ30万円の税金を納めますよ」と自信満々にいわれても、証明するものがないので信用することはできません。

　このように企業を取り巻く利害関係者の皆さまに、「うちの会社はこういう状況ですよ！　どれだけ儲かっていて、財産と借金はいくらあって、自分で用意したお金と、利益の蓄積分はいくらありますよ！」ということを明らかにするために帳簿に記録をしているんです。

　企業を取り巻く利害関係者は、前述したように、得意先、仕入先、取引先、国、地方公共団体、商工会議所、法人会、税務署、銀行ほか金融機関、協力会社、関係会社、親会社、子会社、債権者、債務者、投資家、株主、消費者、従業員、

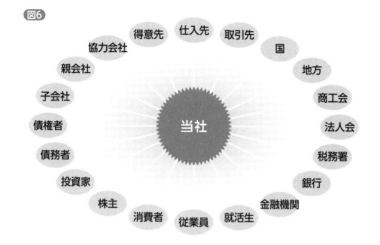

図6

就活生など大勢います。これらの利害関係者に会社の状況を明らかにするために**帳簿に記録**をして、最終的に**決算書**によって報告しているのです。

　帳簿に記録する目的、つまり**簿記の目的**をまとめると、次の2点になります。

　1．一定期間の**経営成績**を明らかにする
　2．一定時点の**財政状態**を明らかにする

「ん？　経営成績？　財政状態？　今までフレンドリーに語りかけてきたくせに、急に難しい会計用語が出てきたな」と思われているかもしれませんが、先ほどからお話ししている言葉を難しくしただけです。

　経営成績とは「どれだけ儲かったのか、もしくは残念ながら損したのか」という意味です。

つまり、経営成績を明らかにするとは、**どれだけ儲かったのか、もしくはどれだけ損したのかを、企業を取り巻く利害関係者の皆さまに明らかにする**ことです。

　もう一方の財政状態とは「どれだけの財産があって、どれだけの借金があるのか、自分で用意したお金と今まで稼いだ利益の蓄積分はいくらあるのか？」という意味です。

　つまり、財政状態を明らかにするとは、**財産や借金、自分で用意したお金と今までの利益の蓄積分はいくらあるのかを、企業を取り巻く利害関係者の皆さまに明らかにする**ことなのです。

　これらの報告書を作るために、経理担当者は日々、帳簿に記録しています。

　この**経営成績を明らかにした報告書が損益計算書**であり、**財政状態を明らかにした報告書が貸借対照表**になります。これら2つと、後述する**キャッシュ・フロー計算書**を含めて**財務三表**といいます。

Point!

会社の経営成績を明らかにしたものが「損益計算書」、会社の財政状態を明らかにしたものが「貸借対照表」である。

03 | 収益と利益はまったく違います！「利益と損失」の基本のキ

 「100億円販売している会社」と取引していいの？

先ほど出てきた損益計算書の役割である **「経営成績を明らかにする」** とは、「どれだけ儲かったのか、もしくはどれだけ損したのかを、企業を取り巻く利害関係者の皆さまに明らかにする」ことです。

たとえば、あなたが消しゴム専門店を経営しているとしましょう（「さっきまで美容院だったのに、今度は消しゴム専門店……」と思った方は、美容院の経営が軌道に乗って、多角化経営をしていると思ってください）。

あなたは、消しゴム作りの職人から1個70円で消しゴムを購入しました。その消しゴムを小学生に100円で販売しました。

さて、いくら儲かりましたか？

この問題、答えが「100円」と思っている方が意外に多いのです。

正解は、100円から70円を差し引いた30円です。

100円は**儲けを生み出す原因**であり、会計用語では **「収益」** といいます。

この収益を得るために犠牲になった支出があります。それ

図7

収益	−	費用	=	利益 (▲損失)
100	−	70	=	30
50	−	70	=	▲20

が消しゴムという商品を販売するために、消しゴム職人に支払った70円です。この**収益を得るために犠牲になった支出**を会計用語では**「費用」**といいます。

　儲けを明らかにするためには、単に入ってきた販売額100円（収益）だけではなく、購入代金70円（費用）を差し引く必要があります。

「収益」から「費用」を差し引いた差額が「儲け」です。この儲けのことを**利益**といいます。

　ここでポイントをもう一度、整理します。

・利益を生み出す原因が「収益」
・収益を得るために犠牲になった支出が「費用」
・「収益」から「費用」を差し引いた額が「利益」
　（収益−費用＝利益）

　次に、30円も利益が出たので、もう一度、消しゴム職人から70円で消しゴムを購入して、店頭に100円で並べました。しかし、なかなか売れません。

　おかしいと思い、近くの文房具店に偵察に行くと、オレンジやグレープの香りが漂う消しゴムが80円で販売していま

した。何の変哲もない当社の消しゴムでは売れません。そこで半額セールを行い、50円でやっと売ることができました。

　ではこのとき、いくら儲かりましたか？　手に入った50円ですか？　違いますよね。50円は収益です。

　利益は、収益から費用を差し引いて計算されます。ということは、50円から70円を差し引いたマイナス20円が利益になります。マイナス、つまり損をした場合には、利益ではなく「損失」といい、次のように表します。

50円－70円＝▲20円（損失）

　こう説明すると当たり前に聞こえる収益と利益の違いですが、現実にはこの2つを混同し、「50円が手に入ったので、50円儲かった！」と思っている人もいます。

　実際に以前の会社で営業車を50万円で売ったら、50万円儲かったと喜んでいる営業部長がいました。3年前に300万円で購入してきたことをスッカリ忘れているのです。

　話を簡単にするために、減価償却がないとすれば

　50万円（収益）－300万円（費用）＝▲250万円（損失）

　50万円の利益ではなく、なんと250万円の損失です。

　もう一度いいます。**利益は、収益から費用を差し引いて求められます。**重要なポイントなので忘れないでくださいね。

　では、応用問題です。

　あなたは、100億円販売している会社に「取引してくださ

い」といわれたら、取引しますか？

　少しだけ考えてみてください。

　いかがだったでしょうか。

　答えは、「それだけでは分からない」です。

「100億円販売している」の「販売」は、収益を指します。「販売している」「売り上げている」は、すべて収益の話です。この問題では費用が分かりません。

　もし、費用が110億円なら10億円の損失です。

　また毎期2兆円以上の売上がある一部上場企業の建設会社が、今期は100億円の売上しかなかったら「倒産するのでは？」と不安になりますよね。

　一方、田舎にある三坪の駄菓子屋さんが、年間100億円も販売していたら驚きますよね。「どれだけお客さまがくるんだ！　海外にネット販売でもしているのか」と噂になります。

「100億円販売している会社」というのは、**取引規模は分かっても、どれだけ利益が出ているのか不明**なんです。

　経営成績を判断するためには収益のみならず、費用、そして利益にも目を向ける必要があります。

Point!

販売額（売上）だけでは、会社の「儲け」は分からない。
「費用」を知って、「利益」まで正しく把握しよう。

04 | 損益計算書を読むポイントは、3つの収益、5つの費用、5つの利益

 収益、費用、利益の種類を知ろう

　先ほどの消しゴム専門店のように、消しゴム職人に消しゴムを作ってもらって、それを店頭で販売するだけなら、簡単すぎて会計はいらないですよね。

　しかし、どんな小さな会社でも起業すると、もっと複雑な会計処理が必要になります。

　ここではまず押さえておくべき収益、費用、利益それぞれの中身、「3つの収益、5つの費用、5つの利益」についてザックリ分かるように説明します。

　まず、自社で1年間に100円の消しゴムを10,000個販売したとします。

　@100円×10,000個＝1,000,000円分が売れました。

　当社は消しゴム専門店です。消しゴムの販売が本業です。本業での販売高のことを「売上高」といいます。

　この売上高を計上するためには、消しゴムを購入した費用も算出しなければなりません。売上高に直接対応する費用を「売上原価」といいます。

　1個70円で購入した商品がすべて売れた場合。

　@70円×10,000個＝700,000円が売上原価です。すると

売上高 　　 － 売上原価 　　 ＝ 売上総利益
1,000,000 円 － 700,000 円 ＝ 300,000 円

　売上高から売上原価を差し引いた利益を**「売上総利益」**といいます。通称、**「粗利」**とも呼ばれています。

　しかし、売上高を計上するためには、売上原価だけではなく、ほかにも犠牲になっている費用があります。

　例えば、従業員に支払う**給料**。従業員が店頭で販売したり、レジを打ったり、営業先を開拓してくれるお陰で、消しゴムを売ることができます。つまり収益を得ることができます。給料は収益を得るために犠牲になった支出なので費用です。

　当社は路地裏の目立たないところにあるので、ホームページで宣伝し、新聞の折り込み広告も行っています。宣伝をすることで存在に気づいてもらい、消しゴムが売れます。**広告宣伝費**も、収益を得るために犠牲になった支出（費用）です。

　車の保険に入っているから安心して営業活動ができる。火災や地震に備えて保険に入っているから安心して商品を陳列できる。自動車や火災などの保険料も収益を得るために犠牲になった支出（費用）です。

　同じ理由で、**通信費**（電話や FAX があるからお客さまや取引先と連絡が取れる）、**保管費**（消しゴムを保管する場所があるからすぐお客さまに売ることができる）なども支出（費用）です。

　このように**収益**である売上高を計上するためには、消しゴム職人が作った消しゴムの購入代金（売上原価）のみならず、様々な**費用**が発生するのです。

これら、売上原価以外で販売するために必要な費用である「販売費」と、会社を経営する上で必要な費用である「一般管理費」を合わせて**「販売費及び一般管理費」**といいます。

○販売費及び一般管理費

- 給料……社員に支払う給料（役員は役員報酬）
- 福利厚生費……従業員のための娯楽慰安、保健衛生、寮費会社負担分など
- 支払地代……土地を借りて使用している場合の賃借料
- 支払家賃……建物を借りて使用している場合の賃借料
- 水道光熱費……電気・ガス・水道などの料金
- 広告宣伝費……宣伝のための支払額
- 交通費……電車賃、バス代、タクシー代など
- 発送費……商品発送の運賃
- 租税公課……収入印紙、固定資産税などの税金

では、もう一度整理します。

自社では、この1年間で100円の消しゴムを10,000個販売しました。

売上高は、@100円×10,000個＝1,000,000円

売上原価は、@70円×10,000個＝700,000円

1,000,000円－700,000円＝300,000円（**売上総利益**）

このとき、給料が15,000円、広告宣伝費が3,000円、保険料が2,000円なら、販売費及び一般管理費の合計は20,000円になるので、売上総利益から販売費及び一般管理費を差し

引きます。

300,000 円（売上総利益）− 20,000 円（**販売費及び一般管理費**）＝ 280,000 円（**営業利益**）

　ここで出てきた利益を**「営業利益」**といいます。営業利益は、その名のとおり会社の営業、つまり**本業による利益**、本業の成績といえます。

　そして本業があれば本業以外もあります。

　本業以外の収益・費用のうち、毎期継続して発生する収益を「営業外収益」、費用を「営業外費用」といいます。

　一方、**本業以外で毎期継続せず滅多にないレアケースな収益を「特別利益」、費用を「特別損失」**といいます。

　例えば、銀行に預金して得られる受取利息（営業外収益）、逆に借り入れていることで支払う支払利息（営業外費用）。これらは毎回発生するので営業外の収益・費用です。

　一方、明治時代に購入した土地を売って土地売却益が発生した、火事にあって火災損失が発生したなど、滅多にないレアケースは特別な収益・費用になります。なぜなら毎期、土地を売ったり、火事になったりしませんよね。

　営業利益に営業外収益を足して営業外費用を差し引いた利益を**「経常利益」**といいます。

　例えば、受取利息が 1,000 円、支払利息が 3,000 円なら

営業利益 ＋ **営業外収益 − 営業外費用 ＝ 経常利益**

280,000 円 ＋ 1,000 円 − 3,000 円 ＝ 278,000 円（経常利益）

図8

損益計算書

☐ ＝5つの利益
★ ＝5つの費用
⬭ ＝3つの収益

××会社　202●年4月1日〜202○年3月31日（単位：円）

⬭ 売上高	1,000,000
★ 売上原価	700,000
☐ 売上総利益	300,000 （通称、粗利）
★ 販管費及び一般管理費	20,000
☐ 営業利益	280,000 （本業による儲け）
⬭ 営業外収益	1,000
★ 営業外費用	3,000
☐ 経常利益	278,000 （日常的に稼げる儲け）
⬭ 特別利益	30,000
★ 特別損失	20,000
☐ 税引前当期純利益	288,000 （レアケースを含めた儲け）
★ 法人税、住民税及び事業税	100,000
☐ 当期純利益	188,000 （最終的な儲け）

　この経常利益に特別利益を足して特別損失を差し引いた利益を **「税引前当期純利益」** といいます。

　土地売却益が30,000円、火災損失が20,000円なら

　経常利益＋**特別利益－特別損失＝税引前当期純利益**

　278,000円＋30,000円－20,000円＝288,000円（税引前当期純利益）

　最後に、法人税、住民税及び事業税という3種類の税金を引いた利益が、最終の利益 **「当期純利益」** です。

　税金が100,000円なら

　税引前当期純利益－**法人税、住民税及び事業税＝当期純**

利益

288,000 円 － 100,000 円 ＝ 188,000 円

188,000 円が当期純利益になります。

これらの１年間の経営成績を**３つの収益、５つの費用、５つの利益**に分けて、利害関係者に報告しています。何百万もの報告書を見る人を想定して、**分かりやすく、見やすく、統一された書類**を作らなければならないのです。

こうして作られた計算書こそ、**損益計算書**なのです。

英語では Profit and Loss statement といい、略して P/L といいます。

Profit は利益、Loss は損失、statement は計算書。

つまり利益や損失を計算した報告書で損益計算書……そのままの意味です。

Point!

収益、費用、利益の種類を押さえよう！
３つの収益……売上高、営業外収益、特別利益
５つの費用……売上原価、販売費及び一般管理費、営業外費用、特別損失、法人税、住民税及び事業税
５つの利益……売上総利益、営業利益、経常利益、税引前当期純利益、当期純利益

05 | 貸借対照表の登場人物は、資産・負債・純資産の3人だけ

 資産とは、お金・物・権利の総称

　次に、貸借対照表の説明にうつります。

　貸借対照表の役割である **「財政状態を明らかにする」** とは、「財産、借金、自分で用意したお金と今までの利益の蓄積分を、企業を取り巻く利害関係者の皆さまに明らかにすること」です。

　会計用語で財産は **「資産」**、借金は **「負債」**、自分で用意したお金と利益の蓄積分は **「純資産」** といいます。

　貸借対照表では、**設立から現在までの企業の活動の成果を決算日時点の金額** で表し、左側に資産、右側に負債と純資産を表示します（図9）。

　では、資産や負債、純資産とは、具体的には何か？

　まず資産とは、細かく分けると **「お金・物・権利」** の3種類をいいます。

　突然ですが「お金」と聞いて、あなたはどんなイメージを持ちますか？　財布にある一万円札や千円札などの紙幣、百円玉や十円玉などの硬貨。銀行に預けている普通預金や定期預金などの預金を思い浮かべるのではないでしょうか。

　実は、会計でも同じです。紙幣や硬貨、各種預金は「お金」に該当します。そのほかに会社組織になると、手形や小

図9

貸借対照表

××会社　　2020○年3月31日

資産の部		負債の部		=他人資本
流動資産		流動負債		
現金預金	××	買掛金	××	➡無利子負債
売掛金	××	短期借入金	××	
⋮		固定負債		有利子負債
⋮		長期借入金	××	
固定資産		純資産の部		=自己資本
建物	××	株主資本		
機械装置	××	資本金	××	➡元手
土地	××	利益剰余金	××	➡今まで稼いだ利益の蓄積分

お金← 現金預金

権利← 売掛金

物｛ 建物／機械装置／土地

切手を振り出すために開設する当座預金、まとまった資金を短期間預ける場合に普通預金よりも高い金利で運用することができる通知預金などもあります。

「物」といえば、マイホームやマイカー、パソコンなどをイメージしますよね。会社でも事務所や工場などの建物、社長車や営業車などの車、10万円以上のパソコンや備品などが該当します。

「権利」は、友達にお金を貸していることをイメージしてください。お金を貸すと、約束の日に戻ってきますよね。会計も同じで、誰かにお金を貸していれば、将来そのお金は戻ってきます。その戻ってくるお金（利息を除く）は、将来お金を受け取る権利なので資産になります。

　もし誰かに 100 万円を貸していたことを忘れたら、困りますよね。そのために「100 万円を貸していますよ！」ということを忘れないように「貸付金」という科目で記録しておきます。無事に 100 万円が戻ってきたら、貸付金 100 万円を消して、現金 100 万円を増やす処理を行います。

　また前述した美容院の信用取引のことを、会計では掛取引といいます。売主側から見れば、今月の商品代金を翌月以降にまとめて受け取る権利です。会計用語では「売掛金」といいます。

　私が独学で日商簿記の受験勉強をしていたときは意味が分からず、言葉を丸暗記して覚えましたが、今なら「**掛**けで**売**った代**金**」だから売掛金なんだと覚えます。

　会計ではこれら、**お金・物・権利を総称して資産**といい、貸借対照表の**「資産の部」に記録**します。

⚲ 負債とは、将来お金を支払う義務

　負債とは、つまり借金のこと。**将来、お金を支払う義務**です。

　銀行や仕入先から借りているお金、商品などを仕入れてお金を後から支払う義務、従業員から預かっている所得税や社会保険料なども負債です。

　資産のところで説明した貸付金。貸主がいれば借主もいます。借りている立場からすると、将来お金を支払う義務になります。借金を忘れずに返すために「借入金」という科目で「負債の部」に記録をしておき、約束どおりに返済するとそ

の科目を消滅させます。

　また、商品代金をまとめて受け取る側がいれば、まとめて支払う側もいます。商品を販売して将来お金を受け取る権利が売掛金でした。一方、商品を購入して将来お金を支払う義務を「買掛金」といいます。「掛けで買った代金」で買掛金です。

　負債には、「有利子負債」と「無利子負債」があります。

　有利子負債は、文字どおり「利息を支払う義務の有る負債」です。お金を借りた場合には、元本だけの返済だけでなく、利息もプラスして返済することになります。短期借入金、長期借入金、社債のように、他人からお金を借りて利息を支払う科目が該当します。

　一方、無利子負債も文字どおり「利息を支払う義務の無い負債」です。支払手形、買掛金、未払金、預り金、前受金など、利息が不要な負債です。

　会社では、純資産である自分で用意したお金（自己資本）と、負債である他人から借りてきたお金（他人資本）で、会社経営を行っています。

　返す必要のない自己資本の割合が多いほど、会社は安定します。自己資本が多いことが理想的ですが、自己資本で賄えず他人資本で賄うなら、利子（費用）のかからない無利子負債の割合を増やすことが戦略上重要です。

　例えば、有利子負債に頼らないように、無利子負債である支払手形や買掛金の支払い期日を延ばすなどです。

　また、財務的戦略として、受取手形や売掛金などの受け取

りは1日でも早くに回収し、支払手形や買掛金などの支払いは1日でも長く延ばすことで、資金繰りは楽になります。

会計では、**将来、お金を支払う義務を負債**といい、貸借対照表の**「負債の部」に記録**します。

 純資産とは、自分で用意したお金

最後に、純資産について。純資産とは、自分で用意したお金のことです。**自分で用意したお金**というと個人的なイメージがありますが、自分とは株主も含みます。

「簿記の目的」の項でもふれた美容院の開業に必要なものに「あなた個人がコツコツためた貯金や退職金を、これから作る会社にプレゼントします。このことを会計用語で『出資する』という」とお伝えしました。そのプレゼントされたお金を「資本金」といいます。プレゼントなので返済する必要はありません。

さらに、企業が生み出した利益を積み立てていきます。**今まで稼いだ利益の蓄積分を「利益剰余金」といいます。**

例えば、前期まで500円の利益剰余金があり、今期300円の利益を稼ぎ出せば、800円（500円＋300円）の利益剰余金になります。逆に今期300円の損失になると200円（500円－300円）になります。

利益を生み出すことで自己資本が増え、会社経営が安定します。一方、損失になると自己資本が減り、会社経営が不安定になります。

「純資産の部」は「株主資本」が中心です。本来は株主資本

以外の表記もありますが、分析する上で影響が少なく、かつ難しくなるので割愛します。

　以上、資産、負債、純資産の３つを具体的な内容面から解説しました。

　この３人の登場人物で構成されているのが貸借対照表です。

　次の項では、そんな貸借対照表を**「資金の流れ」**に着目して、その読み方をお話ししていきます。

Point!

貸借対照表では、資産・負債・純資産の
３つの「資金の流れ」に注目する。

06 | 貸借対照表から、「お金の出所と使い道」を読み解く

貸借対照表は「運用状態」と「調達状況」でできている

　会社の資金をどこから集めてきたのか。これを **「調達状況」** といいます。

　調達状況は、大きく分けて2種類あります。自分で集めてきたお金である **自己資本**。それだけでは足りないので、銀行などから集めてきた **他人資本**。自己資本は「純資産の部」、他人資本は「負債の部」に記録されます。

　そして、その集めてきたお金をどのように運用しているのか、つまり **「運用状態」** がどうなっているかは、**資産によって明らかにされています。**

　図10をご覧ください。①あなたは1,000円を会社に出資しました。自分で用意したお金は「純資産の部」に記録されます。

　②足りないので銀行から500円を借り入れました。他人から借りてきたお金は、将来支払う義務があるので「負債の部」に記録されます。

　集まってきたお金1,500円は、どのように運用されているのか？　それを明らかにするために「資産の部」に現金として記録されます。

図10

B/S（バランスシート）

運用状態			調達状況	
資産の部			**負債の部**	
現金①´	1,000		借入金	500 ←②他人資本
現金②´	500	1,500		
現金③´	▲100	1,400	**純資産の部**	
現金④´	▲300	1,100	資本金	1,000 ←①自己資本
備品③		100		
車④		300		
		1,500		1,500

左右一致
バランスシート

　集めてきたお金（調達状況）は、自己資本の1,000円（①）と他人資本の500円（②）で合計1,500円。言い方を変えると、純資産である資本金が1,000円、負債である借入金が500円です。

　①´②´会社には運用状態として、現金1,500円があり「資産の部」に表示されます。

　さて、お金だけあっても商売はできません。

　仕事用のデスクを、現金100円で購入しました。このとき、純資産が100円増えたり減ったりするでしょうか？「自分で用意したお金は1,000円」という事実は変わらないので、変動しません。

　では、負債が増えたり減ったりするでしょうか？　銀行から借りてきた500円が600円に増えることも400円に減ることもありません。銀行に1円も返していないし、追加で融資

を受けているわけでもないので、こちらも変動しません。

　資金の流れについては、③ 100 円の備品（デスク）が増え、その代わり③′現金 100 円が減って 1400 円になりました。このように運用状態のみが変わります。

　さらに、④営業用の車を現金 300 円で購入しました。純資産、負債に変動があるでしょうか？　これも変動しませんよね。自分で用意したお金も借金の記録もそのままです。運用状態が変わるだけです。④′現金が 300 円減って車が 300 円分増えました。

　その後の、会社設立時の貸借対照表を見てみましょう。ちなみに設立時点では、まだ収益も費用も発生していないので、損益計算書はありません。

　右の合計は 1,500 円です。では左の合計は？　**当然、右と同じ 1,500 円**です。

　当たり前ですよね。右（純資産＋負債）が集めてきたお金で、左（資産）がそのお金をどのように運用しているのかを明らかにしているので、左右が一致して当たり前なんです。不一致になることは、絶対にありえません。

　この貸借対照表も、企業を取り巻く利害関係者に報告する大事な報告書です。

　損益計算書のところでもお話ししましたが、誰が見ても分かりやすく、見やすい報告書を作らなければならないのです。

　さらに同業他社との比較をするのに、違った書式の報告書では読むのが大変なので統一したルールで作られた報告書でなければなりません。

貸借対照表は、英語で Balance Sheet、略して B/S といいます。

左右のバランスが取れている計算書という意味ですが、その名のとおりですよね。集めたお金（右）をどう運用しているか（左）、言い方を変えると**集めたお金が、どんな姿に変わったのかを明らかにした報告書**なので、左右のバランスが取れないなんてありえないんです。

（なお、残高を英語で Balance というため、資産、負債、純資産の残高〈Balance〉を明らかにした表なのでバランスシートといわれているという説もあります）

Point!

貸借対照表は、集めたお金が、どんな姿に変わったのかを明らかにした報告書。

07 なぜ損益計算書と貸借対照表の日時の表記は異なるのか?

 一定時点と一定期間の使い分け、できていますか?

　ここまで損益計算書と貸借対照表の概要を説明してきましたが、この2つにはある違いがあります。いずれも日時が記載されているのですが、損益計算書には会計期間、貸借対照表には会計期間の最後の日(決算日)が載っています。

「簿記の目的」のところでもお話ししましたが、経営成績を明らかにする損益計算書では「一定期間」、財政状態を明らかにする貸借対照表では「一定時点」になっています。

　1．**一定期間**の経営成績を明らかにする　損益計算書
　2．**一定時点**の財政状態を明らかにする　貸借対照表

　余談ですが、私は独学で勉強していた当時、日商簿記3級のテキストに太字で書いてある、上記の「簿記の目的」の部分を、太字なので重要だとは分かりましたが、その違いまでは理解することなく、丸暗記して試験に挑んでいました……。

　では、なぜ、損益計算書は一定期間(1年間)なのに対し、貸借対照表は一定時点(会計期間の最後の日)なのか?

　損益計算書は、「この1年間でどれだけの収益と費用が発生して、その結果、これだけの利益を計上しましたよ」とい

図11

損益計算書

202●年4月1日〜202○年3月31日 ← 一定期間

貸借対照表

202○年3月31日 ← 一定時点

う意味なので、一定期間で表しています。

　例えば、当社がリンゴ専門店だとして「この1年間で青森からリンゴをこれだけ購入してきて、そのうち1年間でこれだけ売ったから、1年間でこれだけ儲かりましたよ！」ということを明らかにする報告書なのです。

　一方、貸借対照表に表示されるのは、財産や借金です。一定時点とは、決算日時点、会計期末、貸借対照表日など色々な呼び方がありますが、当会計期間の最後の日のことです。この最後の日の時点で財産や借金の額を明らかにします。

　それはなぜか？　例えば、資産の代表である現金。あなたの財布のなかにある現金は、4月1日、5月10日、6月12日、7月13日と、財布を開くたびに、その都度、まったく違う金額ですよね。

　負債である借入金。住宅ローンを組んでいて、毎月末に10万円ずつ返済しているのなら、4月末、5月末、6月末、7月末……残高は10万円ずつ減っているので、その時々によって残高は変わりますよね。

財布のお金は、その日によって違う！

　つまり、一定期間（１年間）の財布の中身や住宅ローンの残高を求めることは不可能なのです。一定時点での金額しか分かりません。

　そこで会計期間の一番最後の日、つまり「決算日」を一定時点にして、企業を取り巻く利害関係者の皆さまに報告しているのです。

Point!

損益計算書は「一定期間」、貸借対照表は「一定時点」の状態を明らかにする。

貸借対照表の分類は、
「性質別」ではなく「時間別」

「流動資産」と「固定資産」を分ける基準とは？

　貸借対照表は、左側に「資産の部」、右側に「負債の部」と「純資産の部」で構成されています。

「資産の部」は、さらに **流動資産** **固定資産** に区分され、「負債の部」は、**流動負債** **固定負債** に区分されています（図13参照）。

　資産である流動資産の区分には、お金・物・権利のなかでも、**現金もしくは決算日から1年以内にお金に換わる資産**を表示します。

「現金」や「普通預金」「当座預金」は、もちろん流動資産ですが、「定期預金」には少し注意が必要です。1年以内に満期を迎える定期預金は流動資産ですが、1年を超える定期預金は1年以内にお金に換わらないので、流動資産には含まれません。

「受取手形」や「売掛金」も流動資産です。これらは、「商品を販売してお金を後から受け取る権利」です。なかには1年を超える期限を定めている受取手形や売掛金もありますが、通常の営業サイクルのなかで発生する資産は流動資産とすることになっています（通常の営業サイクルを難しい言葉で「正常営業循環基準」といい、そのサイクルにある資産、負債は

図13

B/S（バランスシート）

資産の部	負債の部
流動資産	**流動負債**
現金もしくは 決算日から1年以内に お金に換わる資産	決算日から1年以内に お金を支払う義務のある 負債
	固定負債
固定資産	決算日から1年を超えて お金を支払う義務のある 負債
決算日から1年を超えな ければお金に換わらない もしくは 会社が長期間にわたり 保有している資産	**純資産の部**
	株主資本

流動区分に含めます）。

「商品」も流動資産です。実際にはいつ売れるか分かりませんが、通常の営業サイクルのなかで発生する資産と考えます。

一方、固定資産の区分には、お金・物・権利のなかでも、**1年を超えなければお金に換わらない資産や、会社が長期間にわたり保有している資産**を表示します。

そのため、同じ貸付金でも、1年以内に回収予定の貸付金は「短期貸付金」として流動資産の区分に、1年を超えて回収予定の貸付金は「長期貸付金」として固定資産の区分に表示します。

会計上の有価証券は株券や国債などの債券を指します。売買することや満期まで保有しておくことを目的とする有価証券のうち、満期日が1年以内のものは流動資産の区分に、1

年を超える有価証券は固定資産の区分に表示します。

　このように、貸付金や有価証券という**性質別に分けるのではなく、1年基準という時間別に表示箇所を分けているのです。**

　なお、自社ビルやその土地、営業車や機械は、長期間所有する目的で購入した資産です。そもそも現金化する気がない資産なので、固定資産に区分します。

「流動負債」と「固定負債」の違いも同じ

　負債である流動負債の区分には、将来お金を支払う義務のなかでも、決算日から**1年以内にお金を支払う義務のある負債**を表示します。

「受取手形」や「売掛金」は1年を超えても流動資産であるのと同様、「支払手形」や「買掛金」も1年を超える契約でも流動負債に分類されます。日常的な営業取引による負債は、流動負債になるというルール（正常営業循環基準）があるからです。

「受取手形」と「売掛金」は、本業である売上に特化した債権なので「売上債権」といいます。一方、「支払手形」と「買掛金」は、本業である仕入に特化した債務なので「仕入債務」といいます。

　同じ債権、債務に「未収金」「未払金」があります。「売掛金」「買掛金」との違いは、「未収金」は本業以外の取引で将来お金をもらえる権利、「未払金」は本業以外の取引で将来お金を支払う義務です。

　例えば、本業として自動車販売店を営んでいる会社が、自

動車を売ってお金を後から受け取るなら「売掛金」、自動車を購入してお金を後から支払うなら「買掛金」になります。

一方、本業として事務用品店を営んでいる会社が、営業車を売ってお金は後から受け取るなら「未収金」、営業車を買ってお金を後から支払うなら「未払金」になります。

固定負債の区分には、将来お金を支払う義務のなかでも**1年を超えてお金を支払う義務のある負債**を表示します。

そのため、同じ借入金でも1年以内に返済する借入金は「短期借入金」として流動負債の区分に、返済が1年を超える借入金は「長期借入金」として固定負債の区分に表示します。

以上、本章では損益計算書と貸借対照表の概要を説明してきました。これらの決算書が会計の最後の日に突然作れるのかというと、無理ですよね。**日々、取引を記録しておく必要があります。**

言い換えると、損益計算書に表示する**収益・費用の増減**と、貸借対照表に表示する**資産・負債・純資産の増減**を日々記録しておかなければならないということなのです。

Point!

貸借対照表の分類は、1年以内にお金に換わるか／支払う必要があるかという「時間」によって分けられる。

決算書は「左右に分けて記録」が基本!

　損益計算書と貸借対照表の基本的な知識が身についたところで、いよいよ最速で読む方法をお伝えしましょう……といいたいところですが、説明の都合上、本章の最後に「日々の取引をどのように帳簿に記録していくか」をご説明します。いわば、「決算書の作り方」をお話しします。

　若干複雑な説明も出てきますが、最終的に覚えておいてほしいポイントを絞って説明しますので、ぜひ一読してみてください。

　決算書を、最速で読む上で、知っておいて損はありません。

　まず、「会計上の取引」と「一般の取引」とは、何が違うと思いますか?

　結論からいうと、ほぼ一緒です。しかし、少しだけ違いがあります。

　会計上の取引とは、**資産・負債・純資産・収益・費用の5項目が増減変化すること**をいいます。

　例えば、土地の賃貸借契約を結べば、一般的には取引です。しかし、契約しただけでは上記の5項目が増えることも減ることもないので、会計上は取引にはなりません。

図14

家 計 簿

日付	内容	収入	支出	残高
3/1	前月繰越			30,000
3/3	西友買い物食料品		3,500	26,500
3/5	ロフト　文房具		500	26,000
〜	〜	〜	〜	〜

　一方、自宅に泥棒が入ったら、「いや〜昨日泥棒と取引してさぁ〜。タンスの2番目の引き出しにしまっておいた一万円札が盗まれちゃったよ」とは、いいません。しかし会社の金庫からお金を盗まれたなら、**資産であるお金が減少したので、会計上の取引**に当たります。

　ただし、こんなケースは稀で一般の取引も会計上の取引も、ほとんど同じです。

　では、取引が発生したらどうするのか？

　取引が発生、つまり資産・負債・純資産・収益・費用が増減変化するたびに、仕訳帳というノート（帳簿）に記録をします。

　帳簿には、家計簿や小遣い帳がありますが、これらは**現金の増減の一面だけを捉えて記録**するので、単式簿記といいます（図14）。

　しかしこれでは、現金の動きしか分かりませんよね。

　一方、会社で行われる記録は、**物事を二面的に捉えるので**

複式簿記といい、**必ず左右に分けて記録がされます。**

なぜ一面ではなく、二面なのか？

例えば、15億円の自社ビルを建てた会社がありました。

自社ビルを建てたという一面だけ捉えるならすごいですが、すべて自分で用意したお金（自己資金）で建てたのか、全額を銀行からの借り入れで建てたのかでは、見方が変わりますよね。

この取引は、複式簿記で次のように記録されていました。

1．現金15億円をコアラ銀行から借り入れた。

　現金（＝**資産**）15億円　⇔　借入金（＝**負債**）15億円

2．自社ビルを建設し、15億円を現金で支払った。

　建物（＝**資産**）15億円　⇔　現金（＝**資産**）15億円

この記録によって銀行から、借金して自社ビルを建てたことが分かります。

このように、仕訳では必ず、資産・負債・純資産・収益・費用の5項目のいずれかを左右に分けて記録します。

ただし、5項目の名前そのままで記録するのではなく、具体的な名称を使用します。その名称を**「勘定科目」**といいます。

もし上記の取引を、資産15億円、負債15億円と記録されても、どんな資産なのか負債なのか気になりますよね。

反対に、細かすぎても困ります。消しゴム、鉛筆、ボールペン、シャープペンシル、蛍光ペン、ふせん、下敷き……と

図15

資　産	増えたら左	減ったら右	残高は必ず左
負　債	減ったら左	増えたら右	残高は必ず右
純資産	減ったら左	増えたら右	残高は必ず右
収　益	減ったら左	増えたら右	残高は必ず右
費　用	増えたら左	減ったら右	残高は必ず左

記録されていても読むほうが大変なので、これらの事務用品については「事務用品費」という勘定科目を使って管理しています。

　大ざっぱすぎず、細かすぎないのが勘定科目なのです。

　複式簿記では、2つの科目を左右に分けて記録します。その方法にはルールがあります（図15参照）。

　これから、左右の分け方のルールにそって、取引内容を記録していきます。しかし、何度もお伝えしたように、決算書の「作り方」を覚える必要はないので、この動きを覚えなくても問題はありません。

　重要なのは、**資産・負債・純資産・収益・費用が、最終的に損益計算書と貸借対照表のどの位置に流れていくのか**ということです。その点だけ、以下の例で確認してみてください。

ある消しゴム専門店の「取引」の流れ

　3/1に現金1,000円を「元入れ」して、消しゴム専門店を開業した。

① 3/1　現金 1,000　⇔　資本金 1,000

当社に 1,000 円の現金が入ってくるので、当社の現金は増えます。現金という**資産が増えたから左**に記録。同時に元手も増えました。元手は資本金。**純資産が増えたので右**に記録します。

3/5　きりん銀行から、現金 500 円を借り入れた。

② 3/5　現金 500　⇔　借入金 500

銀行からお金を借りて現金が増えました。現金という**資産が増えたので左**に記録。同時に銀行に返す義務である借入金も増えました。借入金という**負債が増えたので右**に記録します。

3/10　デスク 100 円を、現金で購入した。

③ 3/10　備品 100　⇔　現金 100

事務机やイス、金庫などを備品といいます（本来、備品は 10 万円以上ですが、簡単にするため今回は無視しています）。備品は、お金・物・権利のうちの「物」、つまり資産です。**資産が増えたので左**に記録。備品を購入し現金が減りました。現金という**資産が減ったので右**に記録します。

3/14　営業用の車 300 円を、現金で購入した。

④ 3/14　車両運搬具 300　⇔　現金 300

備品と同じで車も物なので資産になります。**資産が増えたので左**に記録。同時に現金が減りました。現金という**資産が減ったので右**に記録します。

3/20　現金 200 円を、銀行に返済した。

⑤ 3/20　借入金 200　⇔　現金 200

返済日なので銀行に借金を返しました。借入金という**負債が減少したので左**に記録。同時に現金という**資産が減ったので右**に記録します。

3/22　消しゴム 70 円を、職人から掛けで仕入れた。

⑥ 3/22　　仕入 70　⇔　　買掛金 70

消しゴム職人から仕入れてきた消しゴムは、いずれお客さまに販売する商品。収益を得るために犠牲になった支出（費用）です。仕入という**費用が増えたので左**。

　仕入代金は後から支払うことにしました。本業で将来お金を支払う義務は買掛金です。買掛金という**負債が増えたので右**に記録します。

3/25　消しゴム 100 円を、現金で販売した。

⑦ 3/25　　現金 100　⇔　売上 100

商品を販売しました。売上という**収益の増加は右**。同時に消しゴムを売り上げた代金を受け取りました。現金という**資産が増えたので左**に記録します。

　このように会計上の取引（資産・負債・純資産・収益・費用の増減）が発生すると、仕訳帳に記録をします。

　このとき 2 つの法則があることに気付きましたか？

1つは、左に記録すると必ず右にも記録する。左があって右がない、右があるのに左がないことは絶対にありえません。必ず左右どちらにも記録します。このことを**取引の二重性**といいます。

　2つめに、左の合計金額が100円だと右の合計金額も必ず100円になります。左右の金額は必ず一致します。このことを**貸借平均の原則**といいます。

　余談ですが、文豪ゲーテは小説『ヴィルヘルム・マイスターの修業時代』のなかで、「複式簿記はどんな利益を商人にあたえてくれるであろう！　あれは人間精神の最も見事な発明の一つだ」と主人公の親友がいう場面があるほど、素晴らしい発明といっています。

　この「仕訳」を利害関係者が読む決算書にダイレクトに記入した場合、図16のようになります。

　図16のB/SとP/Lを合体すると、図17になり、左右の金額は一致します。

　図17では、「資産の部」の合計が1,400円、「負債の部」と「純資産の部」の合計が1,370円で、バランスが合っていないと思うかもしれません。

　しかし、「純資産の部」の表示科目を思い出してください。「純資産の部」は、資本金と利益剰余金。**利益剰余金は利益の蓄積分**です。

　損益計算書では収益100円、費用70円で利益は30円です（100円−70円＝30円）。

　この30円は、**利益剰余金として貸借対照表の「純資産の**

図16

B/S

資産の部			負債の部		
現金①	1,000		借入金②	500	
②	500	1,500	⑤	▲200	300
③	▲100	1,400	買掛金⑥		70
④	▲300	1,100			
⑤	▲200	900	純資産の部		
⑦	100	1,000	資本金①		1,000
備品③		100			
車両運搬具④		300			

P/L

費　用		収　益	
仕入⑥	70	売上⑦	100

図17

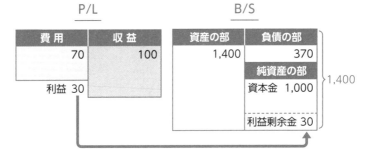

部」に組み込まれます（図 18）。

　組み込むことで「負債の部 370 円」＋「純資産の部 1,030 円」で 1,400 円になり、資産の部と一致するのです。

　簿記一巡の流れでは、**仕訳帳**に仕訳を記録し、**総勘定元帳**の各勘定にうつし、**試算表**に集計をし、**決算において決算整理**をし、**資産・負債・純資産の残高を貸借対照表**に、**収益・費用の残高を損益計算書**に表示します。どれも大切な仕事ですが、この流れを解説すると「**決算書の作り方**」の説明になります。経理担当者の方々は日々大変な思いをして作成していることだけイメージしていただき、簿記一巡の流れは図 19 に示すだけにして割愛します。

　このような日々の取引の記録をもとに、貸借対照表と損益計算書が最終的に作成されるのです。

　しかし、**読み手であるあなたに覚えていただきたいのは、2 点だけです。**

　貸借対照表の左に資産、右に負債と純資産を表示する。

図19 簿記一巡の手続き

取 引	
左	右
資産の増加	資産の減少
負債の減少	負債の増加
純資産の減少	純資産の増加
費用の増加	費用の減少
収益の減少	収益の増加

仕訳帳に仕訳			
借 方		貸 方	
（現金）	5,000	（資本金）	5,000
（現金）	1,000	（借入金）	1,000
（給料）	300	（現金）	300
（現金）	500	（売上）	500
（借入金）	500	（現金）	510
（支払利息）	10		

総勘定元帳の各勘定に転記

現金（資産）

増	減
	}残

借入金（負債）

減	増

売上（収益）

減	増

資本金（純資産）

減	増

給料（費用）

増	減

支払利息（費用）

増	減

一覧表へ

試算表（一覧表）

借 方		勘定科目	貸 方	
残 高	合 計		合 計	残 高
5,690	6,500	現金	810	
	500	借入金	1,000	500
		資本金	5,000	5,000
		売上	500	500
300	300	給料		
10	10	支払利息		
6,000	7,310		7,310	6,000

最終的に

財務諸表の作成

図20

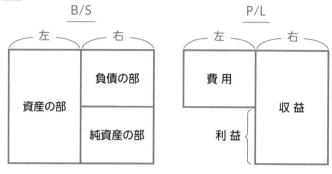

B/S

左	右
	負債の部
資産の部	純資産の部

P/L

左	右
費用	収益
利益	

結果だけ分かれば大丈夫!

損益計算書の右に収益、左に費用を表示する。

　実は、決算書を読む上で必要なのは、この2点だけなのです。なぜそう言い切れるのか、次章以降で解説していきます。

Point!

決算書の作り方は、流れだけ理解していればOK。
重要なポイントは「5つの項目がどこに表示されるか」だけ。

第3章

損益計算書は、
「ここ」しか
読まない

資産や負債の増減は、儲けに関係なし！ 「利益」を正しく理解する

 利益は「収益−費用」でしか導き出されない

損益計算書は、一会計期間の経営成績を明らかにする報告書です。

会社の目的の1つに「利潤の追求」があります。簡単にいうと「儲けること」を目的にしています。会計の世界では、儲けのことを「利益」といいます。

社会貢献や、地球に優しく環境に配慮するなど、素晴らしい「企業理念」を持っていても、毎年赤字続きでは会社はやがて倒産してしまいます。会社を継続するには儲けることはとても重要です。

また会社の儲けには法人税等が課せられます。たくさん儲けて多くの税金を納めることが、結果的に社会貢献にも繋がるのです。

収益は、利益を増加させる項目です。会社の儲けである「利益」を増加させるものが「収益」で、会社ががんばって経営を行った「成果」を意味します。おさらいすると

収益−費用＝利益（▲の場合は損失）
・「収益」は、「利益」を生み出す原因
・「費用」は、「収益」を得るために犠牲になった支出
・「利益」は、「収益」から「費用」を差し引くことで求め

　られる

　まず損益計算書の登場人物は、「収益」と「費用」です。その差額として「利益」が出ます。

　上記のように利益は、収益から費用を差し引いて計算します。もう一度計算式を書くと

収益－費用＝利益

　この計算式に注目してください。**「利益」を計算するのに、「資産」も「負債」も登場しませんよね。**

　したがって「資産」や「負債」が増えても減っても、「利益」には何の影響もありません。

　重要なことなのでもう一度いいます。

　「資産」や「負債」が増えても減っても、「利益」には、何の影響もありません。

　しかし、会計を分かっていない人は「負債」というネガティブなイメージのものが増えると「利益」というポジティブなイメージのものに影響がある。つまり「負債」が増えると「利益」が減ると勘違いしている人もいます。その結果、銀行からの**借金（負債）が増えると、儲け（利益）が減ると勘違い**したりします。

　また、お金（資産）が増えると儲かっている気になることもあります。銀行からお金を借りると手元にある現金は増えます。しかし、**資産と負債が増えただけ**なので、収益や費用

にはまったく影響がありません。つまり、利益に変動はないのです。災害時の特別貸付制度で一時的にお金が入ると、気が大きくなって使い込んでしまうような経営者もいますが、将来返すお金が増えただけで、利益が出たわけではないのです。

事業を拡大するために、事業主が現金（資産）を追加して元入れしても一緒です。**現金という資産と、資本金という純資産が増えるだけ**です。

もう一度、利益を計算する式を思い出してください。

収益−費用＝利益

強調していうなら、**収益から費用を差し引くことでしか利益は生まれません**。資産・負債・純資産の増減変化では、利益に一切影響を及ぼしません。

くどいようですが、これは重要なポイントなのです。

Point!
資産や負債の増減は、利益に何も関係しない。イメージだけで勝手に考えないように気をつけるべし。

02 | 読む順① 「売上高」は最強の収益！最も重要で一番に読むべき項目

「3つの収益」のなかでも、まず確認すべき項目は？

「収益」の代表は、「売上高」です。

売上高とは、会社が外部に商品や製品を販売したり、サービスの提供を行ったりすることにより、対価として受け取る金額のことです。

商品の販売やサービスの提供を主たる営業目的にしている会社にとって、売上は会社の目的の達成を意味し、**「売上高」は会社がどれだけの目的を達成したかを数値化したもの**といえます。

売上高は本業での収益です。売上高を営業収益と表示する場合もあります。

損益計算書を読む場合、会社名、業種、規模、会計期間、単位などの概要を読んだ後は、**売上高が最初に読むべきもっとも重要な項目**です。利益の原因である収益を、本業でどれだけ稼いでいるかを明らかにしている項目なので、当たり前ですよね。

というわけで、損益計算書を読むときは、**まずは「売上高」から確認**しましょう。

「収益」には、ほかにも次に紹介するような項目が色々とあります。

しかし、**決算書を読むためには、具体的な名称は重要ではありません。**これらの収益は、本業以外にこのような収益があるんだと参考程度に確認し、損益計算書を読むときは**金額が大きく、利益に多大な影響を及ぼしている項目だけに注意**してください。

その上で、本業以外の収益は2種類あります。毎期継続的に発生する **「営業外収益」** と、滅多にないレアケースである **「特別利益」** です。

・「受取○○」と表示される収益

受取利息は、お金を預けたことによって受け取る利息

受取手数料は、仲介などして受け取る手数料

受取賃借料は、不動産を賃貸し、見返りとして受け取る賃借料

注意するのは、同じ「受取○○」でも、「受取手形」は将来お金を受け取る権利なので「資産」に該当します。

・「○○益」と表示される収益

有価証券売却益は、有価証券（株式や社債など）を売却したことによる収益

固定資産売却益は、建物や車両、土地を売却したことによる収益

為替差益は、為替相場の変動によって得た収益

これらの収益のうち、毎期継続的に発生する収益は営業外

収益として、滅多にないレアケースな収益は特別利益として、損益計算書に表示します。

　以上が、主な収益の紹介になります。おさらいになりますが、前章で紹介した「3つの収益」がこれらに当たります。ここはとにかく、「売上高」を最初に読む！　と覚えておけばOKです。

【読む順①】売上高はもっとも重要な収益なので、最初にチェックする！

03 「費用」は収益から差し引く項目と、ざっくり理解しておけばOK

40種類以上もある費用……
でも、それほど難しくないワケ

「費用」とは、「利益を減少させる項目」です。「成果」である「収益」を得るために犠牲になった支出です。

「費用」の代表格は、なんといっても「売上原価」です。

これは「売上高」の犠牲になった商品の購入価格です。前述した消しゴム専門店の例でいえば、消しゴムを店頭に並べて売るために購入してきた消しゴムの代金です。

売上原価は、売上高を得るためには、絶対に欠かせないものです。

また、1個70円で購入（＝売上原価）した消しゴムを100円で販売（＝売上高）することを繰り返せば、10個1,000円分を販売すると700円、50個5,000円分を販売すると3,500円と、売上高が増えれば増えるほど売上原価も増えます。

このように、売上原価は売上高と直接的な対応関係にあります。

前章で解説したように、売上原価のほかにも費用はあります。

特に費用は収益よりも種類がはるかに多く、収益の勘定科

図21

売上高	100	1,000	5,000	100,000
売上原価	70	700	3,500	70,000
売上総利益	30	300	1,500	30,000

売上高が増えれば、売上原価も増える

目が全部で10科目前後なのに対し、費用の勘定科目は40科目前後もあります。

　一見、大変に思うかもしれません。しかし、たとえ会計のスペシャリストである経理担当者であっても、丸暗記をする必要はありません。

　なぜなら勘定科目は、保管している費用は保管費、広告や宣伝をするなら広告宣伝費、保険料はズバリ保険料など、日常会話で出てくる言葉がそのまま勘定科目になっています。「償却債権取立益」など、日常で使ったことのない言葉が出てくることは稀なのです。

　さらに実務の場合、毎回使う勘定科目は決まっています。当座預金を開設していない会社なら当座預金は使いません。有価証券を取り扱っていない会社なら売買目的有価証券（資産）、投資有価証券（資産）、有価証券評価損（費用）、有価証券評価益（収益）、有価証券売却損（費用）、有価証券売却益（収益）などの勘定科目も使う必要はありません（もちろん取引先の決算書を読むときに、相手先が使用していれば目にすることもあります）。

費用は、お金が出ていくケースを想定すればイメージがわきやすいですよね。勘定科目名には、「○○費」「支払○○」「○○損」などの表記の特徴もあります。

　決算書を読む上では、**費用は利益を求めるために収益から差し引く項目（収益−費用＝利益）とだけ覚えておいてください。**

　売上原価以外の費用のうち、販売管理や本業に係る費用は「販売費及び一般管理費」、本業以外の費用で毎期継続的に発生する費用は「営業外費用」、レアケースの場合は「特別損失」の区分に計上します。

・「○○費」と表示される費用

　水道光熱費、広告宣伝費、通信費、保管費など多くの勘定科目がありますが、前述したとおり、水道光熱費なら水道や電気、ガスを使った料金、広告宣伝費なら広告宣伝にかかった支出、通信費なら電話、FAXなどの通信手段と、勘定科目を読めば推測できるので、何に対する出費かは勘定科目名で分かります。

・「支払○○」と表示される費用

　支払利息、支払手数料、支払賃借料など。受け取る立場では、受取利息、受取手数料、受取賃借料など「受取○○」でしたが、支払う立場になれば、「支払○○」になります。これも分かりやすいですよね。

　注意するのは、同じ「支払○○」でも「支払手形」は、将

来お金を支払う義務なので「負債」に該当します。

・「○○損」と表示される費用

有価証券売却損、固定資産売却損、為替差損など。これも収益である「○○益」の裏返しです。

・その他、税金関係

使用した収入印紙代や固定資産税などは「租税公課」という費用となります。

会社の儲けに対して課される税金は「法人税、住民税及び事業税」になります。

以上が、主な費用です。おさらいになりますが、前章で紹介した「5つの費用」がこれらに当たります。ただ、費用は「収益から差し引く項目」くらいに認識しておけばOKです。

Point! 費用には数多くの種類があるが、どれも名前からイメージできる。収益から差し引く項目くらいに認識しておけばよい。

04 読む順② 「4つの利益」から 会社の経営状態を分析する

○ 4つの利益には、それぞれ異なる意味がある！

　収益と費用が出そろったところで、次に利益を見てみましょう。損益計算書のひな型には、「収益」を右側に「費用」を左側に置く「勘定式」と、「売上高」をスタートにして縦書きの形式で収益から費用を差し引いて利益を表示する「報告式」の2種類があります（図22参照）。

　損益計算書の利益を上から順に読んでいくと、「売上総利益」「営業利益」「経常利益」「税引前当期純利益」「当期純利益」と、5つの利益があります（「特別損益の部」の特別利益は収益なのでお間違えなく）。

　5つの利益に共通するのは **「収益－費用＝利益」。これを繰り返しながら最終的な利益である当期純利益を求めます。**

　報告式では **様々な経済活動のなかで利益がどの段階でどのように発生したのか、その発生過程を明らかにすることができます。**

　もし、損益計算書がすべての収益からすべての費用を差し引いた結果だけの報告書なら、どのような原因で利益が計上されたか、企業を取り巻く利害関係者には分かりません。経営者も経理担当者から「今期はなんとか最終利益5,000円でした」とだけ報告されても、どうやって5,000円の利益が出たのか原因が分からなければ、検証も改善もできません。

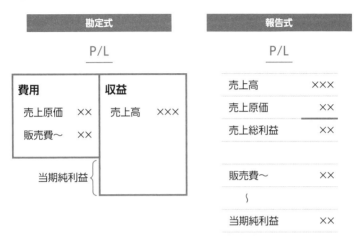

損益計算書では、結果としての「利益」だけではなく、**どのような取引から、どれだけの「利益」が上がったかを示すことで、会社の経営成績の判断を適切に行えるようにしています。**

ここでは、損益計算書のなかでも重要な「売上高」と各段階の「利益」を説明します（図 23 参照）。

 1.「売上高」は「利益」の大元になる金額

前述したように、損益計算書の最初にくる収益が、「売上高」です。①
「売上高」は、会社が本業として営んでいる商品の販売やサービスを提供することで獲得した売上代金の総額であり、会社の本業である目的を達成したことによる収益です。この

図23

損益計算書

202●年4月1日〜202○年3月31日 (単位：億円)

売上高	3,200	←① 最初に確認、もっとも重要な収益
★ 売上原価	2,000	
売上総利益	1,200	←② 通称「粗利」
★ 販売費及び一般管理費	900	
営業利益	300	←③ 会社本来の営業活動の成果
営業外収益		
受取利息	100	
為替差益	700	
営業外収益合計	800	
★ 営業外費用		
支払利息	300	
支払手数料	100	
支払賃借料	200	
営業外費用合計	600	
経常利益	500	←④ 会社の正常な収益力であり会社の実力
特別利益		
建物売却益	200	
★ 特別損失		
火災損失	100	
税引前当期純利益	600	
★ 法人税、住民税及び事業税	200	
当期純利益	400	←⑤ 1年間で稼いだ最終の利益額

☐ =収益　　★ =費用　　◯ =利益

「売上高」から、様々な「費用」を差し引くことで、会社の最終的な利益（当期純利益）を計算します。

「売上高」は「利益」の大元となる原因といえます。当然、大きければ大きいほど「利益」の金額も大きくなるため、**損益計算書のなかで、もっとも重要な収益**で、損益計算書を読むときは一番に見るべき項目です。

また「売上高」が大きいということは、それだけ会社が大きな取引を行っていることを意味しています。「売上高」の大きさは、**会社の取引規模**も示しています。

したがって過去の自社との比較、同業他社との比較を行うことで、より深く洞察することができます。

2. 「売上総利益」は会社の扱う「商品の強さ」を表す

「売上高」から「売上原価」を差し引くことで算定される利益が、「売上総利益」です。通称、粗利とも呼ばれます。②

例えば、消しゴム専門店を開業していたあなたが、事業を拡大して事務用品店を行うことにしたとします。店頭に並べるために、鉛筆、ボールペン、シャープペンシル、ふせん、下敷き、朱肉、定規、コンパス……様々な事務用品を仕入れます。その仕入れた商品をお客さまに販売します。

今期2,000億円分の事務用品を3,200億円で販売したとしましょう。そのとき、売上高は3,200億円、売上原価が2,000億円となり、売上総利益は1,200億円になります。

売上高　 － 売上原価 ＝ 売上総利益
3,200億円 － 2,000億円 ＝ 1,200億円

商売の基本は、安く仕入れたものをいかに高く売るかです。高く仕入れたものを安く売ることなら誰にでもできます。外部から購入した代金に、会社が儲けを上乗せして販売価格を決めます。その差額が付加価値（会社が付加した価値）になります。

　例えば、2つのケーキがあります。片方は仕事帰りに自分へのご褒美としてコンビニで買った300円のケーキ、もう片方は行列のできる人気店に長時間並んで手に入れた900円のケーキです。

　ケーキの材料といえば、小麦粉、砂糖、生クリームにフルーツなどです。人気店は素材にこだわり、高い材料を使っているかも知れませんが、材料費で考えれば、どちらのケーキも、ほぼ同じものを使っています。

　コンビニでは、原価100円のケーキを300円で販売し200円の利益を得ていました。一方、人気店は、原価200円のケーキを900円で販売し700円の利益を得ていました。

　この利益の違いが、会社が付加した価値なのです。高くても欲しい、並んででも欲しい人気店には、容易に真似できない技術などを使って生み出した価値が上乗せされています。

　高くても欲しい、並んででも欲しい商品、いわゆる高付加価値商品を扱っていれば、それが「売上総利益」に現れます。

　つまり「売上総利益」の金額の大きさを見ることで、その会社がどれだけの「付加価値」を生み出すことができるのか、**付加価値の高い稼ぐ力を持った魅力的な商品やサービス**

を扱っているのかが分かります。

3.「営業利益」は会社の本業による利益

　売上高から売上原価を差し引いた売上総利益から、販売費及び一般管理費を差し引くことで営業利益を求めます。③

　会社の商品は、勝手に売れるわけではありません。会社が、販売や営業、管理活動を行い、様々な人が努力し、商品を売るための費用が必要になります。その費用が「販売費及び一般管理費」といえます。

売上総利益 － 販売費及び一般管理費 ＝ 営業利益
1,200 億円　－ 900 億円　　　　　　 ＝ 300 億円

　営業利益は、その名のとおり会社の営業つまり本業による利益、会社の本業の成績といえます。

　会社で働いてくれる従業員、販売、営業、企画、マーケティング、総務、経理……様々な人が、様々な分野で働いてくれているお陰で売上高を計上することができています。役員報酬、給料、賞与、法定福利費など人件費は収益を得るために必要な支出であり「販売費及び一般管理費」に該当します。

　会社が営業活動を行うことで発生する水道光熱費、商品を売るために使用している会社の建物や車、備品の価値の目減り分である減価償却費、事務用品を保管している保管料、自社の商品を広く世間に知ってもらうための広告宣伝活動にかかる広告宣伝費……これら、商品を売るために必要な費用、営業活動にかかった費用も「販売費及び一般管理費」になり

ます。

　製造業を営む会社でよく登場する「研究開発費」も「販売費及び一般管理費」に該当します。研究開発費は新商品開発のための研究開発活動のために使われる費用です。魅力的な新商品を開発するためには、ここをケチるわけにはいかない重要な費用です。たとえ大ヒット商品を作った会社でも、その商品だけではいずれ消費者は飽きてしまい、売れなくなってしまいます。売り続けるためには、次の魅力的な商品が必要なのです。

「売上高」は、会社の本業による収益です。「売上原価」は、売上高に直接的に対応する費用で営業活動による費用です。そして「販売費及び一般管理費」も営業活動による費用です。これらの「収益」と「費用」から算定される「営業利益」は、会社の本業で得られる利益、すなわち**会社本来の営業活動の成果**なのです。

 ## 4.「経常利益」は、会社の正常な収益力であり会社の実力

　損益計算書では、営業利益に営業外収益を足して営業外費用を差し引くことで経常利益を求めます。④

営業利益 ＋ 営業外収益 － 営業外費用 ＝ 経常利益
300 億円 ＋ 800 億円　 － 600 億円　 ＝ 500 億円

「営業外収益」には、どのようなものが該当するか

営業外収益は、会社が本業以外の通常の事業活動を行うなかで発生する収益です。

決算書を読むときは、金額が大きいもの以外は「本業以外での収益が、ここに集合しているんだ！」と一括りにして読んで構いません。

営業外収益の代表格が「受取利息」です。普通預金を開設していると目にしますよね。普通預金の金利が0.001％だとして、100万円預けていても年間で10円。そこから約20％の税金がひかれて8円。100万円預金していたら8円、1,000万円で80円、そんな金額が通帳に記帳されています。会社も一緒です。

受取利息は、預金によって発生する収益で本業とは関係のない収益です。本業外つまり**営業外の収益**として計上します。

株式投資によって得られる配当金である受取配当金、不動産の賃借料、外貨建取引による為替相場の変動で儲かった場合の為替差益も営業外収益に計上されます。

余談ですが、そもそも「会社の本業」とは何でしょうか？それは会社の事業目的のことで、会社の決まり事を示した「定款」に記載されたものです。

「定款」は、会社の憲法ともいわれ、会社を設立するときに作成し、公証人に認証してもらいます。株式会社では、目的（どのような事業を営むか＝本業）、商号（会社名）、本店の所在地、設立に際して出資される財産、発起人の住所氏名、発行可能株式総数などが記載されます。

会社の事業目的が「スポーツ用品の販売」であれば、スポーツ用品を売ると「売上高」になります。会社の事業目的が「不動産の販売」であれば、建物や土地を売ると「売上高」になります。

　例えば、Ａ社もＢ社も土地と建物を賃貸したとします。

　会社の事業目的が、「不動産の賃貸」であるＡ社は、土地や建物を賃貸したことによる収入は本業である「売上高」になります。一方、会社の事業目的が「スポーツ用品の販売」のＢ社が土地や建物を賃貸したことによる収入は「売上高」にはならず、本業以外の収益なので営業外収益になります。

「営業外費用」には、このようなものが該当する！

　営業外費用は、営業収益と逆で会社が本業以外の事業活動を行うなかで発生する費用です。

　代表的なものが、受取利息の反対で、借り入れたことでかかる支払利息です。

　また、外貨建取引を行っている場合に為替相場の変動により、損した場合の為替差損も営業外費用に計上されます。

　会社が成長を目指し、借金により調達したお金を設備投資に使うのであれば、借金自体は悪いことではありません。

　しかし、借り入れには利息が発生します。支払利息は、費用なので経常利益を圧迫します。その面でも貸借対照表に計上される借入金の金額には注意が必要です。

　営業外の項目の代表としてあげた利息ですが、利息は金融活動から生じます。会社は本業の営業活動以外にも、お金の

貸し借りといった金融活動や、資金調達といった財務活動を行って事業を継続しています。金融活動や財務活動は、本業ではありませんが毎期反復して継続的に行われます。

経常利益とは、毎期継続的・反復的に生じる収益と費用を対応させて求める利益であり、本業の成績だけではなく、金融活動、財務活動が上手に行えているかが反映されます。

経常利益は、会社が経常的日常的に稼げる力、すなわち会社の正常な利益、会社の実力ともいえます。

営業利益がプラス、つまり黒字であったのに、経常利益がマイナスを意味する経常損失、つまり赤字になっているケースもあります。これは、営業外費用が多額であることによって生じます。

利息などの支払いである営業外費用が多額であるということは、有利子負債、つまり利息を付けて返済しなければならない借入金が多いことが想定されます。

逆に、営業利益がマイナスを意味する営業損失なのに、経常利益がプラスになっているケースもあります。この場合、本業では上手くいかなかったものの、投資やリスク管理はしっかりできており、事業全体としてはまずまずの成績だったといえるのです。

近年の記録的な円安により海外への輸出を行う企業では、為替差益が多く計上されています。例えば、為替相場が1ドル130円のときに商品10万ドルを売り上げた際の売掛金1,300万円が、1ドル140円のときに決済されると、入金された10万ドルを日本円に交換したら1,400万円になるため、

100万円の為替差益（収益）が発生します。

　一方、海外からの輸入を行う企業では、為替差損が多く計上されています。為替相場が1ドル130円のときに商品10万ドルを仕入れた際の買掛金1,300万円を、1ドル140円のときに決済したら、日本円で1,400万円必要になり、100万円の為替差損（費用）が発生します。

　為替差益も為替差損も、営業外収益・費用となりますが為替相場の変動という会社の努力ではどうにもならない外的要因で生じるものだという点には、注意が必要です。

 5.「当期純利益」は、1年間で稼いだ最終の利益額

　経常利益に特別利益を足して特別損失を差し引くことで税引前当期純利益を求めます。

経常利益 ＋ 特別利益 － 特別損失 ＝ 税引前当期純利益
500億円 ＋ 200億円 － 100億円 ＝ 600億円

　さらに、税引前当期純利益から法人税、住民税及び事業税を差し引くことで当期純利益を求めます。⑤

税引前当期純利益 － 法人税、住民税及び事業税 ＝ 当期純利益
600億円 － 200億円 ＝ 400億円

　特別利益と特別損失は、特別というぐらいなので、滅多に生じない臨時的・偶発的な収益と費用です。特別利益は最後

に利益とついていますが利益の名称ではなく収益に該当し特別損失も最後に損失とついていますが損失ではなく費用に該当します。

「特別利益」にはこのようなものが該当する!

「特別利益」には、例えば、本来は事業活動に使っていて売却するつもりのなかった建物を本社移転のため、たまたま売却したことによって生じた建物売却益や、ほかの会社を支配するために保有していた関係会社株式を売却したことにより生じた関係会社株式売却益などが該当します。

1,000億円で購入した建物を1,200億円で売却したら、建物売却益は200億円（特別利益）になります。

しかし、上記の建物や株式を売却して損失が出た場合には、一転して建物売却損、関係会社株式売却損になります。

仮に1,000億円で購入した建物を800億円で売却したなら、建物売却損は200億円（特別損失）になります。

もともとは、売る気のなかった建物を売るということは何かしらの理由があるはずです。もちろん老朽化して新築に移転するなどプラスの原因もあります。

一方、資金不足で事業用の建物を売り、賃貸物件に移転するなどの原因なら注意が必要です。

関係会社株の売却も、その会社を支配するために持っていた株式なのに、売ってしまうと、その会社を支配することができなくなります。売却益（収益）が発生しているからよいのではなく、その理由を考える必要があります。

例えば、営業利益が赤字の会社が最終的な利益を黒字にするために、本来売るつもりのない、売ってはいけない含み益のある関係会社株式を売却した可能性なども考えられます。

　これらを調べるためには、後述する**キャッシュ・フロー計算書**が役立ちます。

「特別損失」には、このようなものが該当する！

「特別損失」には、火事による火災損失、事務所に泥棒が入ったことによる盗難損失などが該当します。火事、盗難はあくまでも臨時的・偶発的に起こるものですので、特別損失になります。

　特別損失には、このほかに取引先に損害を与えた場合などに、それを補てんするために生じた損害補償損失や、リストラした社員に退職金を支払うために生じた「事業整理損失」などがあります。

　なお、本業が不動産販売の会社が、建物や土地を売れば売上高になりますが、本業以外の会社なら特別利益の「固定資産売却益」や特別損失の「固定資産売却損」になります。

　また、「特別利益」と「特別損失」は臨時的・偶発的に発生した収益と費用であり、今期限りの一過性のものなので予測不能です。来期以降生じる収益・費用の予測には使いません、というより使えませんよね。

「税引前当期純利益」が確定すると、会社の儲けに対して課される「法人税、住民税及び事業税」が計算されます。「税

引前当期純利益」から「法人税、住民税及び事業税」を差し引き、最終的な利益である「当期純利益」を求めます。

「当期純利益」は、会社が1年間に生み出した「最終的な利益額」を意味します。

最終的な利益額は、株主への配当の財源となる利益の増加額なので、「当期純利益」を一番気にする株主もいます。

また、当期純利益は貸借対照表の純資産である繰越利益剰余金を増加させます。損益計算書の最終値である当期純利益が、貸借対照表の純資産を増加させる点で、**損益計算書と貸借対照表は当期純利益で繋がっている**のです（72ページ、図18参照）。

解説が長くなりましたが、損益計算書の仕組みをまとめると図24のようになります。

登場人物は、3つの収益、5つの費用、5つの利益。ですが、企業分析をする上で見るべきは、税引前当期純利益を除く「4つの利益」です。ここから、その会社の強みや実力が見えてきます。

Point!

【読む順②】いわゆる「4つの利益」──売上総利益、営業利益、経常利益、当期純利益から、会社の強み・実力を分析する糸口をつかむ。

図24

損益計算書の仕組み

	売上高	本業での収益。商品や製品の販売高やサービスの提供。営業収益ともいう
★	売上原価	売上高に直接対応する原価
	売上総利益	売上高−売上原価。粗利ともいう。 商品そのものの儲け
★	販売費及び一般管理費	販売のために必要な費用（販売費）と、 会社運営のために必要な費用（管理費）
	営業利益	売上総利益−販売費及び一般管理費。 本業による利益、本業の成績といえる
	営業外収益	受取利息など、 本業以外で毎期継続的に発生する収益
★	営業外費用	支払利息など、 本業以外で毎期継続的に発生する費用
	経常利益	営業利益+営業外収益−営業外費用。 会社の正常な収益力であり、会社の実力
	特別利益	土地売却益など、 その期にだけ例外的に発生した臨時的な収益
★	特別損失	火災損失など、 その期にだけ例外的に発生した臨時的な損失
	税引前当期純利益	経常利益+特別利益−特別損失
★	法人税、住民税及び事業税	会社が負担する法人税等
	当期純利益	会社が1年間に生み出した最終的な利益額

☐ ＝収益　　★ ＝費用　　⬭ ＝利益

05 「一度覚えたら絶対に忘れない」損益計算書の読み方

 「損益計算書は、ビジネスの優先順位から書かれている」

ここでひとつ、皆さんにご紹介したい動画があります。日本一の書評家で、世界で累計1,200万部を突破した『人生がときめく片づけの魔法』（近藤麻理恵著、サンマーク出版）の出版プロデューサー、そして私が大尊敬する天才、土井英司さんのYouTube動画です。

「書評家の動画をなぜ、ここで？」と思われるかもしれません。書籍研究のために視聴していたあるとき、土井さんの動画一覧を見ると、偶然、会計の動画を見つけたのです。それが「一度覚えたら忘れない損益計算書の読み方」です。

日本一の書評家が、どのような観点から決算書を読んでいるのか興味本位で視聴したのですが、これがまさに目から鱗のコンテンツでした。

その動画で土井さんは「損益計算書はビジネスの優先順位から書かれている」と話しています。

ここでいう「優先順位」とは、何のことなのでしょうか？

土井さんは、損益計算書の各項目を、次のように理解していたのです。

1. **売上高** ＝ お客さまのこと。一番大事なのは、商品を購

入してくれるお客さま。

2．**売上原価** = 2番目に大事なのは取引先。商売は仕入れがないと始まらない。事務用品店なら事務用品を仕入れて、はじめて商売が成り立つ。

3．**販売費及び一般管理費** = 3番目に大事なのは従業員。従業員も大切だが3番目。なぜなら取引先に気持ちよく仕事をしてもらい、お客さまに貢献するために存在しているから。

4．**営業外費用** = 銀行。お金を借りられるから資金繰りもでき、会社を運営できる。

5．**特別利益／特別損失** = 会社にとっての副業のようなもの。余っている株や不動産。

6．**法人税等** = 国。儲かった利益から税金を納める。

7．**当期純利益** = 株主。税金を差し引いて最終利益から株主に配当する。

これを整理すると、次のとおりになります。

1．売上高（**お客さま**）
2．売上原価（**取引先**）
　売上総利益
3．販売費及び一般管理費（**従業員**）
　営業利益
4．営業外費用（**銀行**）
　経常利益
5．特別利益／特別損失（**株や不動産**）

税引前当期純利益

6．法人税等（**国**）

7．当期純利益（**株主**）

　ただし、数字的に優先順位が高いのは上から順番ですが、やる気にさせなければならないのは下からの順番です。

　つまり、**株主**を口説いて出資していただき、**国**から認可をもらって商売をさせていただき、**銀行**からお金を借りて、**従業員**を募って、**取引先**に商品を製造・販売してもらえないか打診する。最後に**お客さま**に対して、マーケティング活動をする。そうやって商売が成り立っている。

　優先順位の高い、つまり数字的に大事なのは上からの順番。反対に、やる気にさせなければいけないのは下からの順番。

　このような土井さんの独自メソッドの損益計算書の読み方を見るだけでも、企業を支えてくれる関係者が大勢いることが分かりますね。

Point!

損益計算書の項目は、上から順に大切にすべき相手の優先順位と捉えることもできる。一方で、説明責任などを果たさなければいけないのは、その逆ともいえる。

読む順③ 「利益率」から、 企業の収益性を読み解く

**「率」で比べれば、
他社比較、期間比較が容易になる!**

いきなりですが、次の問題を解いてみてください。

第1問　どの会社が今期一番、収益性が高いですか?

	売上高	売上原価	売上総利益
A社	100億円	70億円	30億円
B社	100億円	60億円	40億円
C社	100億円	40億円	60億円

何かひっかけ問題かなと疑う時間を含めても、5秒もあれ
ば分かりますよね。答えはC社です。

では、次の問題はいかがでしょうか?

第2問　どの会社が今期一番、収益性が高いですか?

	売上高	売上原価	売上総利益
D社	120億円	70億円	50億円
E社	200億円	120億円	80億円
F社	500億円	330億円	170億円

これだと、一目では分からないのではないでしょうか。

第1問の場合は、3社とも売上高が同じなので、利益額だけで判断できます。しかし、現実には第2問の場合のように「同じ売上高の会社を探すほうが難しい」。というよりまったく同じ売上高の会社を見つけられたら、それは奇跡です。

そこで登場するのが利益率です。算出方法は簡単です。
利益を売上高で割って100を掛ければ求められます。

売上総利益／売上高×100

第2問の問題なら、次のようになります。

D社　　**50億円／120億円×100＝41.6%**
E社　　　80億円／200億円×100＝40.0%
F社　　　170億円／500億円×100＝34.0%

このとおり、利益率を求めれば、D社の収益性が一番高いことが分かります。しかも利益額は、F社より120億円も少ない会社でした。

このように売上高に対して、売上総利益がどれくらいの割合を占めるかを比率で表したのが **「売上高総利益率」** です。

ただし、損益計算書には5つの「利益」がありました。

どの利益を使って分析するのでしょうか？

実は用途に応じて、すべての「利益」について「売上高利益率」を算定できます。

それぞれの「利益」に異なる意味があったように、それぞ

れの「利益率」から得られる情報も異なります。計算は、売上総利益率なら「売上総利益」を「売上高」で割って100を掛ける、営業利益率なら「営業利益」を「売上高」で割って100を掛けるというように、分母の売上高は変わらず分子の利益を変えるだけです。売上高に占める利益額の割合なので高ければ高いほど収益性が高いことが分かります。

では、各々の利益率の見方を紹介しましょう。

 1.「売上総利益率」からは、
　商品やサービスの強さが分かる!

売上総利益は、「売上高」から「売上原価」を差し引くことで求められる利益です。

売上総利益率は、「売上高」に占める「売上総利益」の割合で、下記の算式により求めることができます。

売上総利益率＝売上総利益／売上高×100

売上総利益率からは、会社の扱う商品やサービスの強さ、つまり「付加価値」の高さが分かります。売上総利益率が高いということは、**付加価値が高い魅力のある商品やサービスを提供できている**ことを意味しています。お客さまに必要な商品は高くても売れるからです。

また商品の販売価格は、「原価＋利益」で成り立っています。売上総利益率とは逆に、「売上高」に占める「売上原価」の割合を「原価率」といい、下記の算式で求めることができ

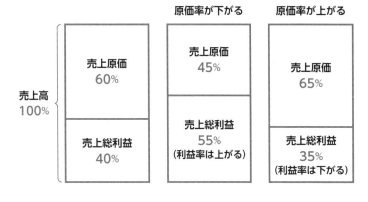

図25

原価率が下がる　　原価率が上がる

売上高
100%

売上原価
60%

売上総利益
40%

売上原価
45%

売上総利益
55%
（利益率は上がる）

売上原価
65%

売上総利益
35%
（利益率は下がる）

ます。

原価率＝売上原価／売上高×100

　原価率は低いほうが、利益は多くなります。原価率は、売上原価というコストの管理に役立てます。

　一方、高い付加価値を与えることのできない商品は、大量生産によってコストを下げて安く大量に販売する、薄利多売の戦略で儲けていくことになります。

　売上総利益率の水準は、業種や業態によって大きく差が出ますし、同じ業種でも扱うものによって異なります。

　例えば、製薬業の売上総利益率の平均値が44％であるのに対し、同じ製造業でも鉄鋼業の平均値は8％程度となっています。

　売上総利益率および原価率の関係を、図25に示します。

このとき、原価率が下がれば利益率は上がり、利益率が下がれば原価率は上がるという関係になります。

2.「営業利益率」からは、 会社の本業で儲ける力が分かる!

営業利益率は、「売上高」に占める「営業利益」の割合です。

営業利益率 = 営業利益／売上高 × 100

営業利益は、**本業でたたき出した利益です**。売上総利益から販売費及び一般管理費を差し引いて求めます。販売費及び一般管理費は、商品を売るために必要な費用です。営業利益は、会社の本業による利益、会社の本業の成績といえます。

つまり、営業利益率は、会社の本業で稼ぐ力を示す数値といえます。

営業利益率が高ければ高いほど、会社の経営が上手くいっていることが分かります。業種別の営業利益率の平均値は製造業で3.8％、小売業で2.8％です。同業種の平均値より高い数値が出せていれば、本業で稼ぐ力は十分あり、優秀な経営成績といえるでしょう。

営業利益の金額は、販売費及び一般管理費の金額の影響を強く受けます。販売費及び一般管理費を削ることができれば、営業利益を多くすることができます。

しかし、販売費及び一般管理費には「人件費」「広告宣伝費」「研究開発費」など、削ると悪影響を及ぼす可能性のある費用も多く含まれています。安易に削ると経営が上手くい

かなくなることもあります。

　例えば、人件費を削るためにリストラをする。本来リストラは「企業の経営に係る組織再編のための行動」という意味ですが、日本ではなぜか人件費削減・クビ斬りの意味で使われる傾向にあります。人件費の高いベテラン社員をクビにしたり、給与水準を下げたりすると、一時的に営業利益は増えます。しかしベテラン社員の技術の継承が途絶えたり、能力のある人材が流出したり、残った社員のやる気が低下したりするなど、数えきれない弊害が会社を襲ってきます。

　エナジードリンクを飲んで、一時的に元気が出たものの効果が切れたときにものすごいダルさが襲ってくるのと同じように人件費の削減は一時的には効果があるのですが、後から大きなツケを支払うことになりかねません。

　広告宣伝費は会社が商品を広く一般に知ってもらって、販売するために必要な費用です。どんなに良い商品を作っても、それを世間に知ってもらうことができなければ、たくさん売ることはできません。広告宣伝費も削りすぎると、売上高に悪影響の出る費用です。会社は良い商品を作り、それを世間に知ってもらうために、多すぎず少なすぎずのバランスの良い広告宣伝費が不可欠です。

　広告宣伝費が前年に比べ大幅に増加した場合には、それが新商品を売るための大キャンペーンのためのものなのか、売れなくなってきた商品のテコ入れのためのものなのかを分析する必要があります。

図26 **2022年 国内製薬会社 売上高、営業利益額1位の武田薬品工業株式会社**

（単位：百万円）

	2020年4月1日〜 2021年3月31日	2021年4月1日〜 2022年3月31日
売上収益	3,197,812	3,569,006
売上原価	994,308	1,106,846
売上総利益	2,203,504	2,462,160

➡ 売上総利益率は2年連続68.9%!

（単位：百万円）

	2020年4月1日〜 2021年3月31日	2021年4月1日〜 2022年3月31日
販管費		
研究開発費	455,833	526,087
その他販管費	1,238,402	1,475,229
営業利益	509,269	460,844

➡ しかし、営業利益率は前年度15.9%、当年度12.9%
将来の投資のため研究開発費を多額に計上している!

※研究開発費については、売上高ランキング2位の大塚HDは2,323億円（売上高比15.5%）、3位のアステラス製薬は2,460億円（売上高比 19.0%）、投資している。（集計対象：2021年4月1日〜2022年3月31日）。

　研究開発費も製造業に欠かせない費用です。魅力のある新商品を開発するためには、削減するわけにはいきません。高い売上総利益率をマークしている製薬業ですが、製薬業は新薬開発のために莫大な研究開発費を投入しています。

　したがって、売上総利益率が高くても、営業利益は控え目な数値になります。研究し開発を続けることで高付加価値の

商品を作り、高い売上総利益を上げることができるので、研究開発費（販売費及び一般管理費）が多くなる仕組みになるのです。

　付加価値の高い会社では、付加価値を生み出すために広告宣伝費や研究開発費が多額になるため、販売費及び一般管理費が多くなります。高い売上総利益率に比べ、低い営業利益率になる傾向があります。

　一方で、付加価値が低く薄利多売の戦略をとる会社は、販売費及び一般管理費が抑えられる傾向があります。売上総利益率と営業利益率に、あまり差が出ません。

　結局、営業利益率はすべての業種・業態において差が少なくなりますので、**会社の収益性を判断する上では、営業利益率が重要な数値となるのです。**

3.「経常利益率」と「当期純利益率」からは、会社のすべての活動で儲ける力が分かる!

　経常利益率は、「売上高」に占める「経常利益」の割合です。

経常利益率＝経常利益／売上高×100

　経常利益は、経常的、つまり日常的に発生する利益でコンスタント利益とも呼ばれています。会社の正常な収益力であり会社の実力です。**会社全体でたたき出した利益**なのです。

　経常利益は、前述したとおり、営業利益に営業外収益を足

して営業外費用を差し引くことで求められます。

　金融活動・財務活動から毎期継続的・反復的に生じる収益と費用を反映させた会社の実力・正常な収益力を表す利益です。

　したがって、経常利益率は、毎期経常的に発生する事業活動から会社が生み出す利益の水準を表す数値になります。

　借入金に係る支払利息は、営業外費用となり経常利益を圧迫します。

　営業利益率に比べて、経常利益率が大きく下がっている会社は支払利息を多く計上している、つまり多額の借入金があることが推測されます。この場合、貸借対照表の負債を確認するとともに借金によって調達した資金が何に使われたのかを確認することが必要です。

　しかし、前述したとおり、**「借金＝悪」ではありません。**調達した資金を設備投資に使っているのと、運転資金不足の穴埋めに使っているのとでは、雲泥の差があります。

　当期純利益率は、「売上高」に占める「当期純利益」の割合です。

当期純利益率＝当期純利益／売上高×100

　当期純利益は、会社が1年間に生み出した最終的な利益額を意味しています。

　経常利益に特別利益を足して特別損失を差し引き「税引前

当期純利益」を求め、さらに税引前当期純利益から法人税、住民税及び事業税を差し引いて求められます。

したがって「当期純利益率」は、会社が生み出した最終的な儲けの水準を表す重要な数値となります。

しかし、当期純利益の算定にはレアケースである特別利益・特別損失が反映されます。ここに注意が必要です。

突然ですが問題です。

あなたは当期純利益が１億円のＡ社と、当期純損失が１億円のＢ社、どちらと取引しますか？

当期純利益が１億円あるＡ社と即答したいところですが、Ａ社の損益計算書を読んでみると、経常損失が３億円あり、過去の決算書を確認しても、経常損失は２億、２億、３億と３期連続赤字です。債務超過になり、仕方なく過去に買った赤坂の土地を売却し、何とか４億円の土地売却益（特別利益）を計上し、最終利益である当期純利益を１億円の黒字にしていたのです。来期も経常利益が出る見込みはありません。

一方、Ｂ社は経常利益を３億、４億、３億と３期連続黒字でしたが、今期「もらい火」によって、倉庫が燃え火災損失（特別損失）が４億円になり、当期純利益は１億円の赤字になりました。しかし、本業には影響がほぼなく、来期の経常利益が３億円程度は見込まれます。

このように、今期の当期純利益率が高い、低いだけで一喜一憂はできません。特別利益・特別損失は当期だけ生じる一

図27

	A社	B社
経常利益	▲3億円	3億円
特別利益	4億円	
特別損失		▲4億円
当期純利益	1億円	▲1億円

過性の要因であるため、特別利益・特別損失の発生があれば期によって当期純利益は大きく変動する可能性があります。

　なお、「税引前当期純利益率」を割愛しましたが、「税引前当期純利益率」と「当期純利益率」の違いは、「法人税、住民税及び事業税」だけなので、当期純利益率を確認すれば分析に必要な情報は十分得られます。

Point!

【読む順③】売上高は会社によって異なるため、「利益率」によって各社の収益性を分析する必要がある。また5つの利益それぞれの性質に応じて、利益率をチェックするポイントも変わってくる。

07 | 読む順④ 「売上高増加率」で、会社の「成長性」を読み解く

 「増収増益」って、こういうことか！

　最後に、損益計算書からは、会社の「成長性」も読み解くことができます。成長性とは、売上高と利益が前年に比べ、どれだけ伸びたかということです。

　これは会社の利益の大元である売上高が、前年に比べてどれだけ増加したかを表す**「売上高増加率」**が指標となります。

　売上高増加率は、下記の算式により求めることができます。

売上高増加率 =（当期売上高－前期売上高）／前期売上高×100

　売上高増加率を読む際に気をつけたいのが、単に前年との比較だけにとどまらず、**複数年の売上高増加率を時系列で比較する必要がある**ことです。

　前年との比較だけだと、何らかのアクシデントで売上高が一時的に減少した際や、逆に何らかの特需で売上高が一時的に増加した場合に適正な分析ができなくなるからです。

　また、「売上高増加率」だけではなく、**「売上総利益率」**も同じ歩調で伸びているかも確認しましょう。

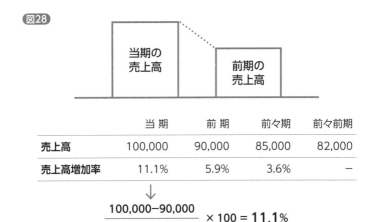

図28

	当 期	前 期	前々期	前々前期
売上高	100,000	90,000	85,000	82,000
売上高増加率	11.1%	5.9%	3.6%	－

↓

$$\frac{100,000-90,000}{90,000} \times 100 = \textbf{11.1}\%$$

➡ 過去3期分以上の数字を比較して変化を読むことが重要
（もちろん利益率や、ほかの経営分析も）

　売上高増加率が伸びているのに、売上総利益率が悪化している場合は、販売のためのコストが上昇している、競争により商品の販売単価が下落し、商品の強さである付加価値が減少しているといった事態が考えられます。

　成長性の判断は、時系列で「売上高」と「利益」の比較を行います。なお、「増収」の「収」とは、収益の代表である「売上高」のことです。「増益」の「益」とは「利益」のことです。例えば「増収増益」とは前年度に比べて「売上高も増加し、利益も増加した」こと。一方、「減収減益」とは前年度に比べて、「売上高も減少し、利益も減少した」ことをいいます。

・増収増益……「売上高」増加、「利益」増加

→**業績好調！**　本業が好調で、利益も伸びている理想的な状態。連続しているなら安定成長。

・減収増益……「売上高」減少、「利益」増加

→本業は不調だが、資産運用やコストカットが上手くできている状態。本業でもがんばりたいところ。

・増収減益……「売上高」増加、「利益」減少

→本業は好調だが、資産運用やコスト管理で失敗した可能性あり。未来への投資をしている可能性もあり。

・減収減益……「売上高」減少、「利益」減少

→**業績不振！**　本業は不調、資産運用やコストカットでも挽回できなかった可能性あり。連続しているなら要注意。

　同一の会社の成長性を測るのなら、実際の数値（金額）を比較する実数分析も有効ですが、会社同士の比較をするなら割合（％）を比較する比率分析が有効になります。

　売上高増加率は、時系列での比較だけではなく、同業他社とも比較することが必要です。周りの会社が成長しているのに自社だけ成長していないのは何か問題があるからです。

　このように**損益計算書からは、会社の「収益性」と「成長性」を読み解くことができます。**

　最後に本章で紹介した「損益計算書を読む順番」をおさらいしましょう。この順番さえ覚えておけば、どんなに複雑な決算書であっても、ざっと概要をつかみ、その会社の収益性と成長性について、気づきを得られます。

〇まとめ　損益計算書は、「ここ」しか読まない

読む順①

「売上高」は最強の収益！　最も重要で一番に読むべき項目

読む順②

「４つの利益」から会社の経営状態を分析する

　→売上総利益、営業利益、経常利益、当期純利益から、

　　各々の数字の意味するところを理解し、原因を調べる。

読む順③

「利益率」から、企業の収益性を読み解く

　→「率」にすることで、期間比較や同業他社と比べるなど

　　の企業間比較が容易に行える。

読む順④

「売上高増加率」で、会社の「成長性」を読み解く

　→前期、前々期と比べるなど、期間比較を行う。

Point!

【読む順④】 会社の「成長性」を読み解くために「売上高増加率」を求める。その際に、いくつかの期にわたって比較するなど、時系列で比較することを忘れない。

第 4 章

貸借対照表は、
「ここ」しか
読まない

01

貸借対照表からは「財政規模」や「安全性」を読み解く！

どの会社が一番「お金持ち」で「安全」なのか？

簿記の目的の１つ「財政状態を明らかにする」。これは、会社の財産や借金、自分で用意したお金、そして今までの利益の蓄積分を、企業を取り巻く利害関係者の皆さまに明らかにするということです。

ここにＡさん、Ｂさん、Ｃさんがいます。

ＡさんとＢさんは豪邸に住み、高級車に乗り、オーダーメイドのスーツを着て、見るからにお金持ちそうです。一方、Ｃさんは普通の身なりをしています。

Ａさんは贅沢な暮らしをしていましたが、実は莫大な借金を抱えており返済も厳しくなり、ついには自己破産をしてしまいました。

ＢさんもＡさんと同様、借金をしていました。しかし、仕事は順調で計画どおりに借金を返済し、いざというときにも、家や車などを売却して借金の返済に充てれば、2,000万円は手元に残せそうです。

Ｃさんは堅実にコツコツと働いており、貯金は2,000万円、借金もありません。見かけによらず、お金持ちといえるでしょう。

Ａさんは見栄っ張りで派手な生活が好き。ですが、ここま

でいくとやりすぎかもしれません。

　Bさんは借金も甲斐性のうち。やることのスケールが大きいBさんタイプがいいと思う人もいるでしょう。

　Cさんは手元に残るお金はBさんと同じ。普段は質素で、堅実、誠実なイメージを持つ人もいるでしょう。

　これを会社で例えるなら、

　Aさんは債務超過で倒産してしまった会社。

　Bさんは財政規模の大きな会社。

　Cさんは無借金経営で堅実な会社。倒産の心配が少ない安全性の高い会社といえます。

　貸借対照表は、こういった**会社の「財政規模」や「安全性」を読み解くことができる決算書**なのです。

Point!

貸借対照表は会社の「財政規模」「安全性」を読み解くために必要な決算書。

02 | 読む順① 会社の規模を確認するため、「資産合計」を確認しよう

⦿ いくつもある細かな表示科目に惑わされない！

では、ここで実際に、貸借対照表を確認してみましょう。図29の貸借対照表を見て、どれくらいの規模の会社なのか、安全かどうかを読み取ってみてください。

いかがでしょうか？

どこからどう読んだらいいのか、分かりませんよね？

では、もう一度、貸借対照表の登場人物を確認しましょう。登場人物は、**「資産」「負債」**と**「純資産」**です。

実は、この３人しか登場人物はいません。

現金預金、売掛金、建物は？　買掛金、借入金は？　資本金、利益剰余金は？　と思われるかもしれませんが、それぞれ資産、負債、純資産の分身です。

サッカーのワールドカップで例えると、開催が決まれば、日本と予選で対戦する出場国を調べますよね。まずはスペイン、ドイツ、コスタリカが対戦国だと確認します。

最初から、シモン、ファティ、ジョレンテ、ミュラー、モラタ、キミッヒ、シュロッターベック、ゴレツカ、ベネット、トーレス、アギレラ……対戦国の選手の身長、体重、ポジションから調べる人はいません。

しかし、貸借対照表を読むときは、なぜか現金預金、売掛金、

図29

(単位：百万円)

資産の部		負債の部	
流動資産		**流動負債**	
現金及び預金	158,577	支払手形及び買掛金	44,554
受取手形及び売掛金	37,806	短期借入金	48,715
有価証券	7,791	リース債務	1,570
商品及び製品	76,133	未払金	33,512
仕掛品	200	未払法人税等	30,351
原材料及び貯蔵品	4,403	賞与引当金	5,120
その他	17,843	ポイント引当金	2,669
貸倒引当金	△5	株主優待費用引当金	463
流動資産合計	302,750	その他	39,388
固定資産		流動負債合計	206,345
有形固定資産		**固定負債**	
建物及び構築物	353,576	長期借入金	2,000
減価償却累計額	△178,932	リース債務	5,875
建物及び構築物 (純額)	174,644	役員退職慰労引当金	228
機械装置及び運搬具	73,811	退職給付に係る負債	5,186
減価償却累計額	△70,188	資産除去債務	14,608
機械装置及び運搬具(純額)	3,623	その他	10,945
工具、器具及び備品	24,554	固定負債合計	38,844
減価償却累計額	△15,430	負債合計	245,190
工具、器具及び備品(純額)	9,124	**純資産の部**	
土地	257,012	**株主資本**	
リース資産	4,384	資本金	13,370
減価償却累計額	△2,189	資本剰余金	26,255
リース資産(純額)	2,194	利益剰余金	612,082
使用権資産	6,015	自己株式	△8,971
減価償却累計額	△2,342	株主資本合計	642,737
使用権資産(純額)	3,673	その他の包括利益累計額	
建設仮勘定	9,762	その他有価証券評価差額金	690
有形固定資産合計	460,034	為替換算調整勘定	△1,122
無形固定資産		退職給付に係る調整累計額	△208
のれん	31,665	その他の包括利益累計額合計	△640
ソフトウェア	9,296	新株予約権	
ソフトウェア仮勘定	517	非支配株主持分	39,760
借地権	7,178	純資産合計	681,857
その他	89	負債純資産合計	927,048
無形固定資産合計	48,748		
投資その他の資産			
投資有価証券	25,727		
長期貸付金	665		
差入保証金	19,858		
敷金	28,945		
繰延税金資産	25,389		
その他	14,999		
貸倒引当金	△72		
投資その他の資産合計	115,514		
固定資産合計	624,297		
資産合計	927,048		

受取手形、短期貸付金、貸倒引当金、棚卸資産、未収金……と、各国の選手に当たる表示科目を上から順番に見てしまいます。さらに「現金預金 150,000,875 円、売掛金 180,000,000 円……」などと、身長や体重、ポジションに相当する区分や金額まで確認してしまうので、先に進まないのです。

　最初にスペイン、ドイツ、コスタリカの FIFA 世界ランキングが何位なのかを調べるように、「資産」「負債」「純資産」の合計額がいくらなのかを確認し、**財政規模を把握する**ことが最初に行うことなのです。

　貸借対照表を読む場合、会社名、業種、この業界の規模、決算日、単位など全体を大きく確認した後、**真っ先に確認するのは**左側の一番下にある**「資産合計」**です。

「資産」は会社の財産です。資産合計の金額を読むことで**その会社の規模が把握**できます。大きければ大きいほど経営のスケールも大きいことになります。

　図 29 では、左側の一番下の「資産合計」927,048 百万円となっています。ここが最初に見るべきところです。

　なお私の場合、習慣的に右側の合計である「負債・純資産の合計」も確認してしまうのですが、バランスシートなので、左右の金額は必ず一致しています。実際に図 29 を見ても 927,048 百万円となっていますよね。

Point!

【読む順①】「資産合計」を読み、会社の規模を確認しよう！

03 読む順② 「自己資本比率」から、自前で用意したお金の割合を知る

資金調達の出所、自前のお金の割合を知る

　会社の規模を把握するためには、前述したように「資産合計」を確認します。ただし「資産合計」が多いからといって、手放しに喜ぶわけにはいきません。

　なぜなら、返済義務のある負債がどれだけあるかを確認していないからです。冒頭の例で登場したＡさんのように、お金があって華やかな生活に見えても、内情は借金まみれかもしれないのです。

　そこで次に**「負債合計」と「純資産合計」を確認します。**

　返済義務のない「純資産合計」が多ければ多いほど、返済義務のある「負債合計」が少なければ少ないほど、借金が少なく経営が安定しているといえます。反対に、「負債合計」が「純資産合計」に対して多いと、資金調達を借金に頼っているので経営が不安定だと推測できます。

　図29では、純資産合計が681,857百万円、負債合計が245,190百万円で、額だけで比較しても、返済義務のない純資産が多いことが分かります。

　また、前述したように、負債には有利子負債と無利子負債があります。有利子負債の金額が多いと利息（費用）の分だけ利益を圧迫するので、経営成績にも影響を及ぼします。

図30

運用状態	調達状況
資 産	負 債 (他人資本)
	純資産

資金調達を
借金に頼っていて
経営が不安定!

運用状態	調達状況
資 産	負 債
	純資産 (自己資本)

〉総資本

借金が少なく
自己資本が多いため
安定した経営が行える!

借金の多寡は、
貸借対照表の「上下のバランス」で分かる

　返済の義務のある負債（他人資本）が少ないかどうかは貸借対照表の右側から読み解くことができます。

　貸借対照表の右側は、返済義務のある負債（他人資本）と返済義務のない純資産（自己資本）の合計です。この合計のことを「総資本」といいます。

　この **「総資本」に占める「自己資本」の割合を「自己資本比率」** といいます。
「自己資本比率」は、下記の算式で求めます。

自己資本比率＝自己資本／総資本×100

　調達状況のうち、返済義務のない自己資本が多ければ多い

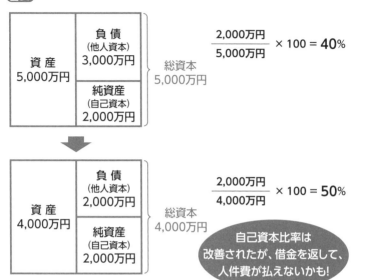

図31

$$\frac{2,000万円}{5,000万円} \times 100 = 40\%$$

資産
5,000万円

負債
（他人資本）
3,000万円

純資産
（自己資本）
2,000万円

総資本
5,000万円

$$\frac{2,000万円}{4,000万円} \times 100 = 50\%$$

資産
4,000万円

負債
（他人資本）
2,000万円

純資産
（自己資本）
2,000万円

総資本
4,000万円

自己資本比率は
改善されたが、借金を返して、
人件費が払えないかも！

ほど、返済義務のある他人資本が少なくなり、安全性が高くなります。自己資本は返す必要はありません。他人資本で調達していても少額なら、返す金額も少なくて済みます。

図29の自己資本比率を計算すると、次のようになります。

681,857百万円／927,048百万円×100＝73.6％

先ほど、純資産と負債の金額で調達の割合を確認しましたが、改めて比率で示すと、自己資本の占める割合が高いことがよく分かりますね。

自己資本比率は、高ければ高いほど安全性が高く、業種や業態により違いはありますが、日本企業の自己資本比率は

30％以上あれば及第点、50％以上が理想的といわれています。

　自己資本比率は、借入金（他人資本）を返せば上がります。

　仮に総資本5,000万円のうち、自己資本が2,000万円、他人資本が3,000万円なら、自己資本比率は40％です。

　他人資本を1,000万円返済したら、総資本が4,000万円に減り、自己資本2,000万円，他人資本2,000万円で、自己資本比率は50％に跳ね上がり、長期的な安全性は高くなります。

　しかし、自己資本比率を上げるために借入金を返済しすぎると、現預金が減って当座の資金繰りが苦しくなり、短期的な安全性が低くなる場合もあります。

　例えば、現預金と人件費の比率。これは売上がゼロでも社員への給料を何か月分支払えるかを求める指標です（人件費を「販売費及び一般管理費」に置き換えて計算することもある）。計算方法は、「現預金／1か月当たりの人件費」です。

　仮に現預金が2,000万円あって1か月分の人件費が500万円なら、4か月分になります。中小企業なら6か月分以上が望ましい基準ですが、他人資本を現預金1,000万円で返したら、これが2か月分に減ってしまいます。

　自己資本比率を上げるために、現預金と人件費の比率を下げてしまっては、当面の資金繰りが大変になり、会社も危なくなります。ですから、**優先順位は短期的な安全性、まずこちらを優先するべき**なのです。

Point!

【読む順②】「自己資本比率」で、自己資本と他人資本のバランスを読む！

04 読む順③ 「流動比率」から、短期の資金繰りの安全性を読む

1年以内に返す借金 vs. 1年以内にお金になる資産

「負債合計」と「純資産合計」の比較をしたら、次は貸借対照表の左右のバランスを確認します。

会社の財産である「資産合計」と支払義務のある「負債合計」のバランスに問題はないか。万が一「負債合計」が上回っていたら、それは債務超過で経営の危機に陥っている状況です。上回っていなくても、「資産合計」に対して「負債合計」が大きすぎないか、注意が必要です。

図32の右側は、負債が資産を上回っている債務超過の状態の貸借対照表です。負債の返済期日までに資金が用意できなければ倒産します。

また債務超過ではなくても、借金を返す能力があるか心配なところです。そこで、左側の流動資産と、右側の流動負債のバランスを確認します。

流動資産はお金もしくは1年以内にお金に換わる資産です。一方、流動負債は1年以内に支払う金額です。

流動資産は、流動負債を支払う能力を意味します。流動資産が流動負債を上回っている状態は、十分な支払能力があり、資金繰りに問題なしということになります。

貸借対照表の表記で採用されているのは、資産を流動資

図32

正常なB/S

	負債 200
資産 1,000	純資産 800

負債に対して資産が十分にあり
返済に問題はなさそう

債務超過時のB/S

	負債 1,200
資産 1,000	
	純資産▲200

負債が資産を上回っている

産、固定資産の順に、負債を流動負債、固定負債の順に配置する流動性配列法（資産についてはお金に換わるのが早いもの、負債については返済期間の短いものから配列する方法）です。その理由は、支払期日の近い「流動負債」を**すぐにお金に換えられて支払手段に使える流動資産で支払えるかどうかを瞬時に把握できるようにする**ためです。

支払能力は、貸借対照表の「左右のバランス」で分かる

　短期の資金繰りの安全性を正確に分析するために、流動比率をもちいて確認しましょう。

　流動比率は、1年以内に返済義務のある流動負債を、1年以内に現金化できる流動資産で返済する能力を数値化したもので、下記の算式で求めます。

　流動比率＝流動資産／流動負債×100

図33

B/S

| 流動資産 | 流動負債 |

支払能力あり!
短期の資金繰りに問題なし

B/S

| 流動資産 | |
| | 流動負債 |

支払能力は大丈夫?
資金繰りに注意が必要!

　例えば、100万円を今日中に返さなければならないのに80万円しか持っていなければ、流動比率は80%です（80万／100万×100＝80%）。

　このままでは100万円を返せないので、支払いを延ばしてもらうか、持っているパソコンなどの固定資産を20万円以上で売ってお金を作るしかありません。支払いを延期してもらっても根本的な解決になりませんし、パソコンを売却すると今後の仕事に支障をきたすかもしれません。このように流動比率が悪いと、経営に悪影響を及ぼすのです。

　資金繰りが大変との噂がある得意先の状況を調べるときには、私は真っ先に流動資産と流動負債を確認します。1年以内に返済しなければならない流動負債が、1年以内にお金に換わる流動資産より多かったら、もう取引はしないでしょう。上記の例のように、流動資産が足りないために、支払を延期してもらうか、固定資産の売却などで流動負債を返済しなければならない危険な状況だからです。

図34

	流動負債 800
流動資産 1,200	
	固定負債 700
固定資産 1,300	純資産 1,000

流動比率

$$\frac{1,200}{800} \times 100 = \mathbf{150\%}$$

　営業は成約までが営業ではなく、代金の回収までが営業です。回収できないリスクのある会社とは取引できませんよね。「流動比率」は、高ければ高いほど安全性が高く、一般的には120％以上で及第点、150％以上が理想的といわれています。ただし、業種や業態によって違いがあり、120％でも厳しい会社もあれば、50％でも大丈夫というケースもあります。

　なお、図29の会社の流動比率は

302,750百万円／206,345百万円×100＝146.7％

と、理想の150％にかなり近い比率になっています。

Point!

【読む順③】「流動比率」で、
短期の資金繰りの安全性を読む！

05 読む順④ 「当座比率」で当座資産と流動負債の比率を確認する

流動比率が100%以上でも安心できないワケ

流動資産が流動負債を1%でも上回っていれば、理論上は返済することができます。

では、なぜ150%以上もの流動比率が理想とされているのでしょうか？ それは**流動負債がほぼ100%、1年以内に返済する義務のある金額であるのに対し、流動資産には換金可能性が若干低いものも含まれているから**です。

例えば、商品や製品などの棚卸資産は、販売を見込んで仕入れ、製造した品ですが、すべて必ず1年以内に販売できるとは限りません。受取手形や売掛金が本当に期日までに受け取ることができるか、支払いと回収のタイミングも分かりません。仮に、流動資産である売掛金1,000円、流動負債である買掛金600円なら、流動比率は167%で計算上は安全といえますが、売掛金の回収の前に買掛金の返済が来る可能性もあります。

そこで、より短期での支払能力を知るために、「流動資産」のなかでも、現金及び短期間で現金に換えることのできるスペシャルな資産である「当座資産」を確認します。

「当座資産」とは、「現金及び預金」「受取手形及び売掛金」「有価証券」を指します。より短期での支払能力を見るための

図35

| 流動資産 1,200 | 現金及び預金　200
受取手形　　　100
売掛金　　　　300
… | 支払手形　　　200
買掛金　　　　300
短期借入金　　300 | 流動負債 800 |

$$当座比率 = \frac{600}{800} \times 100 = \mathbf{75}\%$$

指標が、当座資産と流動負債を対応させた「当座比率」です。

　当座比率は業種、業態にもよりますが、120％以上なら優良水準、90％以上〜119％以下なら安全水準、70％〜89％以下なら改善の余地があるといわれています。

　「当座比率」は、下記の算式で求めることができます。

当座比率＝当座資産／流動負債×100

図29の会社では、

　現金及び預金＋受取手形及び売掛金＋有価証券／流動負債×100

　158,577百万円＋37,806百万円＋7,791百万円／206,345百万円×100＝98.9％

したがって、安全水準といえます。

流動比率や当座比率は、高ければ高いほど安全ですが、特に当座資産である現金及び預金が必要以上に多い場合は、ほかの問題が発生します。

それは**現預金は新たな富を生まない**という問題です。新たな富を生むためには、ほかの資産に投資する必要があります。

つまり、どこかが極端に偏っていてはダメで「流動資産」と「固定資産」のバランスが重要なのです。

流動資産は、お金もしくは1年以内に現金に換わる資産のため、比較的すぐに支払いの手段に使うことができます。

一方、固定資産は1年を超えてお金に換わるもの、もしくは長期使用目的のためお金に換える気のない資産です。言い換えると、**固定資産は、会社が営業活動のために行っている屋台骨である設備投資と資金運用としての投資に充てられている資産**です。

流動資産が多すぎると支払手段には事欠きませんが、会社の屋台骨が脆弱です。逆に固定資産が多すぎると、支払手段が少ないので資金繰りに不安が残ります。

経営分析は多面体です。したがって、色々な方向から分析する必要があるのです。

Point!

【読む順④】「当座比率」で、超短期の資金繰りを確認せよ！

長期間使用する固定資産を、どう調達しているか?

次に固定資産と純資産とのバランスを確認します。**固定資産は、長期間事業活動に使用することで会社の収益獲得に貢献する資産**です。そのため返済する必要のない純資産で運用していることが望ましく、事業活動に必要な固定資産が純資産で調達している状態は、財務的に健全な会社といえます。

しかし現実問題として、固定資産を純資産だけで賄えている企業は少なく、**固定負債で運用**しているのが現状です。

固定負債は、1年を超えて返済すればよい負債です。長期の資金調達状況である固定負債と純資産で運用できている状態なら、健全な会社といえます。

一方、固定資産を固定負債と純資産だけでは運用できず、流動負債も運用に充てていると大問題です。流動負債は1年以内に返済する負債です。流動負債を固定資産の運用に充てている場合、固定資産が利益を生み出す前に返済しなければならず、資金繰りの悪化が予想でき、財務的に不健全な会社といえます。

貸借対照表を読む際は、**資産・負債・純資産の合計金額と、そのバランスを読むことも大切**です。

図36

返済の必要のない
自己資本（純資産）のみで
賄えており、健全!

長期の調達状況
（固定資産＋純資産）で
賄えており、健全!

長期の調達状況で
賄えておらず、危険!

長期の調達状況で賄えておらず、危険!

　中長期的な資金繰りの安全性を確認する手法として、「固定比率」「固定長期適合比率」などの比率で分析する方法があります。

　機械、車、工場など長期間事業に使う固定資産は、返済義務のない自分のお金（自己資本）で運用できれば安全です。中長期的資金繰りは、自己資本（純資産）に対する固定資産の割合である「固定比率」で分析できます。**分子が固定資産で分母が純資産なので、比率は低いほど安全**です。

固定比率＝固定資産／純資産×100

　固定比率が100％を下回った場合、純資産として調達した資金のみで固定資産を運用しているので安全です。しかし前述したとおり、実際は高額な固定資産の購入は金融機関からの借り入れ（負債）で調達する場合が多く、固定比率が100％を超えたからといって、すぐに安全性が低いとはいえません。

　ただし、この場合の**借金は、返済期間の長い固定負債であ**

図37

流動資産 800	流動負債 400
	固定負債 600
固定資産 1,000	純資産 800

固定比率

$$\frac{1,000}{800} \times 100 = \mathbf{125\%}$$

固定長期適合比率

$$\frac{1,000}{800+600} \times 100 = \mathbf{71.4\%}$$

る必要があります。

　これを分析するのが、**固定負債と純資産の合計に対する固定資産の割合**です。固定長期適合比率といい、下記の算式により求めることができます。

　固定長期適合比率＝固定資産／（固定負債＋純資産）× 100

　固定長期適合比率が100％を下回った場合、長期運用の固定資産を長期の調達状況のみで賄えており、まずまずの安全性といえるでしょう。

　一方、100％を超えている場合は、長期運用の固定資産を１年以内に返済しなければならない流動負債で調達していることになり、安全面に問題があるといえます。

　つまり、「固定資産＞固定負債＋純資産」の場合は、必然的に流動比率が100％未満であることを意味し、短期的な支払能力にも不安を残すことになります。

図29の会社の場合は、次のようになります。

固定比率＝624,297百万円／681,857百万円×100＝91.5％

100％を下回っていることから、自己資本（純資産）のみで固定資産を賄っていることが分かります。非常に安全性の高い会社です！

Point!

【読む順⑤】「固定比率」「固定長期適合比率」で、固定資産の調達状況を確認する。

07 | 貸借対照表のおさらい——ここだけ読めば、倒産は防げる！

会社が倒産する日——そのとき、何が起きている？

　貸借対照表からは、会社の規模、そして会社が潰れないかどうかの「安全性」を読み解くことができました。

　社長が仕事で一番聞きたくないのは、「得意先が倒産しました！」という連絡でしょう。それを回避するためには、本章で確認したように、貸借対照表の「上下のバランス」と「左右のバランス」から、会社が潰れないかの「安全性」を読み解くことが必要なのです。

　会社が潰れてしまうのは、支払の義務を果たせなくなったとき、つまりお金が返せなくなったときです。具体的には不渡りを２回出すと、会社の実質的な倒産を意味します。

　不渡りとは、手形や小切手の金額を支払日になっても決済できないことです。振出した手形や小切手は、本来は期限がくると当座預金口座から決済されます。しかし残高が不足していると引き落とせず不渡りになります。

　不渡りになると、その事実が金融機関に知れ渡り、会社の信用は急降下します。新たな融資は受けられなくなり、契約によっては融資を引き上げられることもあります。

　債権者との間で「１回でも不渡りを出せば債権をすぐに回収します」という特約条項を結んでいることも多いので債権者が債権を回収しに押し寄せてきます。

今後の仕入取引も、掛取引や手形取引といった信用取引は嫌がられ、現金取引しか行われなくなります。しかし不渡りを出す会社が、そもそも現金取引を行うお金を準備するのは困難なはずです。もはや倒産へのカウントダウンです。

そして2回目の不渡りで当座取引が停止されます。当座預金口座で決済できず、実質上の倒産になります。

このような事態に陥らない一番の方法は借金をしないことです。しかし、借金をしないことは現実的ではありません。したがって十分な返済計画を立てた上で借り入れをする必要があります。しっかりと返済する段取りができていれば、返せなくなることはありません。

また、売掛金などの債権の回収は1日でも早く、買掛金などの債務、特に無利子負債の返済は1日でも遅くが鉄則です。

もし取引先の危機的状況が危ぶまれた場合には、貸借対照表の「上下のバランス」と「左右のバランス」から経営状況を読み解き、自己資本比率や流動比率も確認し安全性を確認していく必要があります。

本章の02で「では、ここで実際に、貸借対照表を確認してみましょう。図29の貸借対照表を見て、どれくらいの規模の会社なのか、安全かどうかを読み取ってみてください」とお話ししました。そのときは、ただの数字の羅列にすぎなかった貸借対照表が、今では、会社の規模、自己資本比率、流動比率、当座比率などを通じて、安全性の確認ができるようになりました。

図38

(単位：百万円)

資産の部		負債の部	
流動資産		**流動負債**	
④ 現金及び預金	158,577	支払手形及び買掛金	44,554
受取手形及び売掛金	37,806	短期借入金	48,715
有価証券	7,791	リース債務	1,570
商品及び製品	76,133	未払金	33,512
仕掛品	200	未払法人税等	30,351
原材料及び貯蔵品	4,403	賞与引当金	5,120
その他	17,843	ポイント引当金	2,669
貸倒引当金	△5	株主優待費用引当金	463
③ 流動資産合計	302,750	その他	39,388
固定資産		流動負債合計	206,345 ③④
有形固定資産		**固定負債**	
建物及び構築物	353,576	長期借入金	2,000
減価償却累計額	△178,932	リース債務	5,875
建物及び構築物 (純額)	174,644	役員退職慰労引当金	228
機械装置及び運搬具	73,811	退職給付に係る負債	5,186
減価償却累計額	△70,188	資産除去債務	14,608
機械装置及び運搬具(純額)	3,623	その他	10,945
工具、器具及び備品	24,554	固定負債合計	38,844 ⑤
減価償却累計額	△15,430	負債合計	245,190
工具、器具及び備品(純額)	9,124	**純資産の部**	
土地	257,012	株主資本	
リース資産	4,384	資本金	13,370
減価償却累計額	△2,189	資本剰余金	26,255
リース資産(純額)	2,194	利益剰余金	612,082
使用権資産	6,015	自己株式	△8,971
減価償却累計額	△2,342	株主資本合計	642,737
使用権資産(純額)	3,673	その他の包括利益累計額	
建設仮勘定	9,762	その他有価証券評価差額金	690
有形固定資産合計	460,034	為替換算調整勘定	△1,122
無形固定資産		退職給付に係る調整累計額	△208
のれん	31,665	その他の包括利益累計額合計	△640
ソフトウェア	9,296	新株予約権	
ソフトウェア仮勘定	517	非支配株主持分	39,760
借地権	7,178	純資産合計	681,857 ②⑤
その他	89	負債純資産合計	927,048 ②
無形固定資産合計	48,748		
投資その他の資産		読む順②純資産合計/総資産×100	
投資有価証券	25,727		
長期貸付金	665		
差入保証金	19,858		
敷金	28,945		
繰延税金資産	25,389		
その他	14,999		
貸倒引当金	△72		
投資その他の資産合計	115,514		
⑤ 固定資産合計	624,297		
① 資産合計	927,048		

読む順

もう一度、図29に少し手を入れた、図38をご覧ください。読むべき箇所に順番に番号を振っていますが、まさに**「ここ」しか読まない**のです。当座比率以外なら、合計額で確認することができます。合計額なので、表示科目がこれ以上増えても、問題なく確認できますよね。

ここでも、本章で紹介した「貸借対照表を読む順番」をおさらいして、締めくくることにしましょう。

〇まとめ　貸借対照表は、「ここ」しか読まない
読む順①
会社の規模を確認するため、「資産合計」を確認しよう
読む順②
「自己資本比率」から、自前で用意したお金の割合を知る
読む順③
「流動比率」から、短期の資金繰りの安全性を読む
読む順④
「当座比率」で当座資産と流動負債の比率を確認する
読む順⑤
「固定比率」などで、固定資産と調達状況を比較する

Point!

自社としても取引先としても絶対に避けたい「倒産」の危機——それを防ぎ、対策するための知見が貸借対照表には詰まっている！

第 **5** 章

損益計算書vs.
貸借対照表は、
「ここ」しか
読まない

01 読む順①&② 「ROE」「ROA」から、真の収益性を見抜く！

損益計算書と貸借対照表を組み合わせた最強の分析手法

　今までの分析は、損益計算書、貸借対照表それぞれ単体での分析でした。しかし、両方の数字を使って企業分析を行う指標もあります。

　それが**「ROE」**、そして**「ROA」**です。

　ROEは、Return On Equity（リターン・オン・エクイティ）の略称です。

　ROAは、Return On Assets（リターン・オン・アセッツ）の略称になります。

　Return は「利益」、**Return On で「〜の利益を出す」**

　どちらも「利益を出す」と訳す部分が共通しています。

　では、何を使って利益を出すのか？　Equity が自己資本、Assets は総資産なので、

　ROEは、**自己資本（株主のお金）を使って、どれだけ利益をたたき出すことができているのか**を分析しています。

　ROAは、**総資産＝総資本（会社が持っているすべての資産、もしくは調達状況）を使って、どれだけの利益をたたき出すことができるのか**を分析しています。

　利益は損益計算書に、**自己資本と総資産は貸借対照表に表**

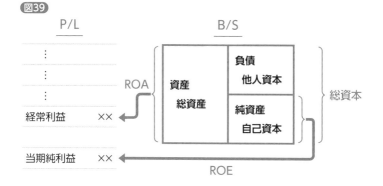

図39

P/L　　　　　　　B/S

：
：
：
経常利益　　　××

当期純利益　　　××

ROA
ROE

資産
総資産

負債
他人資本

純資産
自己資本

総資本

示されています。つまり、ＲＯＥ、ＲＯＡは、どちらの決算書も使って分析する手法なのです。

　この2つの指標を確認する前に、自己資本比率の復習をしましょう。**自己資本比率とは、「総資本」に占める「自己資本」の割合**でした。

　調達状況には、自己資本（純資産）と他人資本（負債）があります。会社を運用するために資産100億円が必要な場合、調達状況は自己資本か他人資本のいずれかで集めます。

　返済義務のない自己資本が多ければ多いほど、返済義務のある他人資本は少なくてすみます。自己資本比率が高ければ高いほど、企業の安全性も高く倒産のリスクは低くなります。自己資本比率が50％以上ある会社で「倒産することはまずない」といわれています。

　しかし、自己資本比率が高ければ倒産リスクが低くなる一方、成長性の面で問題があります。本来は借り入れをしてでも設備投資をしてリターンを求めるところを、設備投資せず

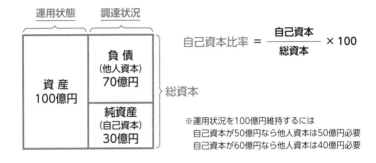
図40

運用状態　調達状況

| 資 産
100億円 | 負 債
(他人資本)
70億円 |
| | 純資産
(自己資本)
30億円 |

総資本

$$自己資本比率 = \frac{自己資本}{総資本} \times 100$$

※運用状況を100億円維持するには
　自己資本が50億円なら他人資本は50億円必要
　自己資本が60億円なら他人資本は40億円必要

に勝負をしない。安定だけを求めても企業は成長しません。

　例えば、ソフトバンクの自己資本比率は30％を下回っています（2019年3月現在）が、売上高成長率は高く推移しています。それだけ借入をして、設備投資をしているといえます。

 「ROE」から、株主の資本（自己資本）を いかに効率よく運用できたかを分析する

　そこで登場するのがROEです。ROE（自己資本利益率）は、別名、株主資本利益率ともいわれ、株主の資本（自己資本）をいかに効率よく運用できたかを分析します。

ROE＝当期純利益／自己資本×100

　当期純利益が分子なので、高ければ高いほど効率よく利益を上げていることになります。

　ここで図41をご覧ください。A社、B社、C社のうちどの会社がもっとも収益力のある会社といえるでしょうか？

図41

(単位：億円)

	A社	B社	C社
自己資本	100	1,000	3,000
当期純利益	20	120	300

　一見、300億円も当期純利益を計上しているC社と答えたくなりますが、ROEを使って分析すると

A社 ＝ 　20億円／ 　100億円 × 100 ＝ 20%
B社 ＝ 120億円／ 1,000億円 × 100 ＝ 12%
C社 ＝ 300億円／ 3,000億円 × 100 ＝ 10%

　ROEで見ると、300億円も利益を計上しているC社より20億円のA社が収益力のある会社なのです。3,000億の自己資本から300億円を生み出すより、100億円の自己資本から20億円を生み出すほうが、効率よく利益をたたき出しているということになります。

　このようにROEを使うことで、会社の規模に関係なく収益力を比較することができます。

　ROEは、すべての指標のなかで、もっとも大事だといわれています。それは企業が稼ぎ出す力である経営力と、株主への配分の両方が盛り込まれた指標だからです。

　前述のように、300億円の利益を稼ぎ出しても、ROEが低ければ、株主へのリターンが少ないことになります。

図42

収益	−	費用	=	利益	
100	−	70	=	30	
収益を上げる 120	−	70	=	50	利益も上がる
費用を下げる 100	−	50	=	50	利益は上がる

　では、ＲＯＥを上げるには、どうすればよいか？

　ＲＯＥの計算式は、当期純利益／自己資本×100 で算出します。つまり、分子である**当期純利益を増やすか**、分母である**自己資本を減らすか**しかありません。

1．当期純利益を増やす方法

　当期純利益は、収益から費用を差し引くことで求められます。収益 − 費用 ＝ 利益なので、収益を増やせば利益が増えるし、費用を減らしても利益が増えます（図42参照）。

　ＲＯＥを上げるために、利益目標を掲げ、収益を上げ、ムダな費用を削減して達成するのは素晴らしいことです。しかし売上を上げるために過剰なノルマを課したり、費用を圧縮するために無理なサービス残業を強制して、賃金を抑えたりしては、元も子もありません。

　また、研究開発費を削減することで短期的にＲＯＥを上げても、将来の収益につながる研究開発費を削減してしまうと長期的には新しい開発ができず会社の成長も阻害されます。

　ＲＯＥを上げることは重要ですが、長期的な視野で見ると悪影響が出る可能性もあるので、注意が必要です。

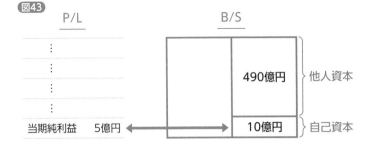

図43

P/L　　　　　　　　　　　B/S

⋮
⋮
⋮
⋮

当期純利益　　5億円　　　←→　　490億円 } 他人資本

　　　　　　　　　　　　　　　　10億円 } 自己資本

2. 自己資本を減らす方法

　自社株を買うことで、株式発行総数を減らす方法があります。

　また資金調達において他人資本を増やしても、自己資本は減ります。ただ、その場合には、危険なことがあります。

　例えば、自己資本10億円で当期純利益が5億円の企業の場合、ROEは驚異の50％です。しかし、もし負債が490億円あったらどうでしょうか。調達状況の98％を他人資本で賄っている超危険な会社ということになりますよね（図43参照）。

　このように調達状況を他人資本で賄えばROEは上がるため、分析する際にはその点にも注意する必要があります。

「ROA」から、総資産を利用して、どの程度の利益をたたき出したかを分析する

　一方、ROAとは、総資産利益率といい、会社が持っている総資産（総資本）を投入して、どれだけの利益を上げているかを示す指標で、次の計算式で求められます。

ＲＯＡ＝利益／総資産×100

　この利益の部分には、広い意味では本書でご紹介してきた「５つの利益」が入ります。しかし、分母の総資産（総資本）は他人資本と自己資本の合計です。他人資本の調達コストである支払利息を含め、自己資本の調達コストである配当金を差し引く前の利益のほうが整合性がとれるため、経常利益にするのが一般的です。

　なお、ＲＯＥも広い意味では、分子に５つの利益を入れることができますが、株主のお金を使って、どれだけ利益をたたき出すことができているのかを知るための指標なので、最終利益、つまり当期純利益を入れるのが一般的です。

　これまで説明してきたように、貸借対照表の右側は、お金の調達状況（自己資本＋他人資本）を明らかにしています。一方、左側（総資産）は、調達したお金をどのように運用しているのかという運用状態を明らかにしています。おさらいになりますが、**右側の総額が調達状況、左側の総額が運用状態を表しているだけで、どちらもイコールです。**

　右側から見れば、自己資本と他人資本を含めた調達状況で、どの程度の利益をたたき出したのかの指標になります。

　左側から見れば、運用状態である**総資産を利用して、どの程度の利益を上げたのか**を明らかにしている指標といえます。

　つまり、ＲＯＡとは、**企業の収益性を総合的な観点から示す指標**なのです。

　最後に、先ほどの図43の企業に話を戻すと、ＲＯＡは、

$$ROA = \frac{利益}{総資産(総資本)} \times 100$$

企業の収益性を
総合的観点から示す!

自己資本のみならず会社の総資産(＝総資本)を使って、いかに効率的に利益を上げているかの指標です。したがって図43の企業は、ROAで分析をすると、ROEが50%あっても、ROAはたったの1％になります。

ROA＝5億円／500億円×100＝1％

したがって、とても問題のある企業であることが判明します。このように、**経営分析は1つの方向性からだけではなく多角的に分析する必要があります。**

Point!

【読む順①】「ROE」で、株主の資本(自己資本)をいかに効率よく運用できたかを分析する。
【読む順②】「ROA」で、総資産を利用して、どの程度の利益をたたき出したかを分析する。

02

決算後の損益計算書は消滅し、貸借対照表は生き残る？

 損益計算書のなかで、唯一「生き残る」項目は？

　あなたは、決算後の損益計算書、貸借対照表のその後の行く末を考えたことはありますか？

　簿記の講師をしていると、意外とどうなるか分からない方が多いことに驚きます。

　ちょっと大げさな言い方をすると、お互いが違う道を歩んでいくのです。

　損益計算書は、収益と費用を計上し、その差額として利益を求める決算書でした。1年間の経営成績を発表すると、次期に繰り越さずに収益、費用は消滅します。

　なぜか？

　考えてみてください。売上高、売上原価、給料、保険料……リセットしないと、その金額は年々増えていきます。

　明治時代から創業している会社と、令和になって起業した会社とでは、累積年数を考えたら、明らかに金額が違います。創業100年の会社と開業して1年の会社では、売上高の比較はできません。同業他社や投資先の比較が困難になります。

　同じ理由で期間比較もできません。1年目より2年目、2年目より3年目と、収益と費用の金額が増えていくからです。

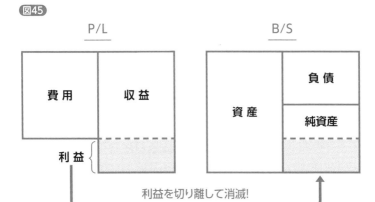

図45

P/L

| 費用 | 収益 |

利益

B/S

| 資産 | 負債 |
| | 純資産 |

利益を切り離して消滅!

　収益、費用の各勘定科目で利益を計算し、当会計期間で締め切ります。次期に繰り越すことはありません。

　ただし、すべてが消滅するわけではありません。

　1つの要素だけを切り離して、消滅するのです。

　それは、**「当期純利益」**です。当期純利益は「純資産の部」の「繰越利益剰余金」に組み込まれ、次期に繰り越されます。その後、繰越利益剰余金から株主への配当が行われ、残った繰越利益剰余金は利益の蓄積分になります（図45参照）。

　では、貸借対照表の資産・負債・純資産の各科目は、決算後どうなるか？　聞いておいてなんですが、こちらはもちろん引き継がれます。

　これも考えれば当たり前ですが現金や預金が決算日をもって消滅したら大変です。次期からゼロスタートで資産を積み上げていくなんて、毎期、解散しているようなものです。

　負債も同じです。決算が終わって借入金が消滅するなら借

り放題になってしまいます。

　決算の最後の日に 10 万円の現金があればその 10 万円を、普通預金に 500 万円あればその 500 万円を、借金が 300 万円あれば 300 万円を、次期に繰り越します。

　つまり、資産・負債・純資産は、決算の最後の金額を次期に繰り越すのです。

　まとめると、**損益計算書は毎年生まれかわる一方で、貸借対照表は設立から現在までの企業の活動の成果が積み上がっていったもの**といえるのです。

03 | 読む順③ 過去の利益の蓄積分である「利益剰余金」の金額を確認する!

銀行も注目! 決算書で一番重要な「第6の利益」

決算書に計上される利益は、これまで何度もご紹介している5つの利益——「売上総利益」「営業利益」「経常利益」「税引前当期純利益」「当期純利益」です。

しかし実は、これ以外にも利益があります。しかも、**一番重要な「第6の利益」が残っています**。

もちろん、「特別**利益**」ではありません。特別利益は、科目の後ろに利益がついているので紛らわしいですが、滅多にないレアケースな収益のことでした。

第6の利益は、損益計算書を探しても見つかりません。なぜなら、**貸借対照表の「純資産の部」にある**からです。前項で少し名前も出てきましたが、そう、決算書で一番重要な利益は、「純資産の部」にある**「利益剰余金」**なのです。

資金の調達状況は、純資産である自己資本と、負債である他人資本で構成されています。

会社の規模を大きくする＝運用状態である資産を増やしていくためには、自己資本、他人資本のどちらかを増やさなければなりません。

他人資本を増やす方法は簡単です。借りてくればいいからです（貸してくれるかどうかは別問題ですが）。

ただし、この場合は返済義務と支払利息が発生します。ま

た返済期限までに返済原資を作らなければなりません。

　では、自己資本を増やすにはどうするか？
　増資によって増やす方法がありますが、もっと良い方法は、同じ自己資本でも「利益をたたき出すこと」です。利益剰余金は、会社が生み出した利益を積み立てた分が計上されます。利益が出ると、「純資産の部」の利益剰余金が増え、自己資本も大きくなります。借入れや追加増資をすることなく、調達状況が増えるのです。
　図46をご覧ください。会社の規模（運用状態）が50,000円の会社があります。調達状況を見ると、他人資本が30,000円、自己資本が20,000円です。
　最終利益が7,000円でした。来期も同じ50,000円の規模を維持するなら、自己資本は27,000円に増えるので、他人資本は23,000円に減らすことができます。

　逆に、損失の場合は、利益剰余金から差し引かれるので自己資本が減ります。最終損失が7,000円の場合、同じ50,000円の規模を維持するためには、自己資本が13,000円に減るため、7,000円他人から借り入れ、他人資本を37,000円まで増やす必要があります。
　仮に毎期7,000円ずつ損失が続くようなら、自己資本は底をつき、2年で債務超過に陥ってしまいます。

　このように、利益が増えれば増えるほど、自己資本は増えていきます。そうすれば、会社の規模を大きくもできるし他

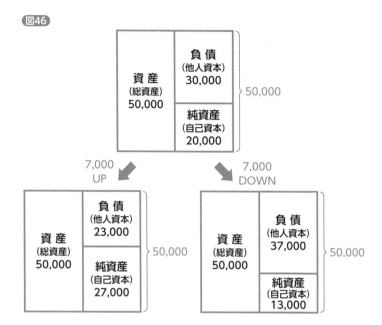

図46

人資本を減らして自己資本比率を上げることもできます。

　一方、損失が出れば出るほど、自己資本は減ります。その場合、会社の規模を小さくするか、他人資本を増やすしかありません。損失が続けば、債務超過にも陥ります。

　利益剰余金とは、**会社を設立してから今までの会社が稼いだ利益の合計金額**です。

　一方、経常利益、当期純利益などの損益計算書上の利益は、一期分の利益にすぎません。一会計期間で「利益が出た、損失が出た」と騒ぎ立てても、今までの利益の蓄積分である利益剰余金のほうが重要度は高いのです。

　例えば、創業10年で利益剰余金が5億円の会社が、300

万円の当期純損失を計上しました。しかし1年分の経営成績でしかありません。

　1円でも赤字になってしまったら、銀行がお金を貸してくれないかも、と社長は不安になるかもしれませんが、5億円もの利益剰余金は「信用」そのものです。連続して赤字にでもならない限り、銀行の評価には影響はありません。そもそも銀行も**損益計算書に計上されている利益よりも、過去の利益の蓄積分である「利益剰余金」に注目**しています。

　もちろん、創業から10年で500万円しか利益の蓄積がない会社が、当期300万円の赤字であれば、1年の赤字でも悪い評価につながるので注意が必要です。

　最後になりましたが、損益計算書と貸借対照表を並べて企業分析する際のポイントをまとめておきます。慣れてくれば、損益計算書や貸借対照表の把握はそこそこに、本格的な企業分析が一瞬でできるようになります。

〇まとめ　損益計算書 vs. 貸借対照表は、「ここ」しか読まない

読む順①

「ROE」から、株主の資本（自己資本）を、いかに効率よく運用できたかを分析する

読む順②

「ROA」から、総資産を利用して、どの程度の利益をたたき出したかを分析する

読む順③

過去の利益の蓄積分である「利益剰余金」の金額を確認する！

Point! 【読む順③】「利益剰余金」こそ「第6の利益」！ 利益剰余金の確認を通じて、企業の体力を確認しておく。

第6章

キャッシュ・フロー
計算書は、
「ここ」しか
読まない

キャッシュ・フロー計算書は、「お金の増減バランス」を示すもの

なぜ損益計算書、貸借対照表だけでは不十分なのか？

A社とB社、自他共に認めるライバル会社で、常にしのぎを削っていました。売上高も経常利益も当期純利益も、ほぼ同じです。

あなたは、どちらを高く評価しますか？

ほぼ同じなら「同じ評価になるのが当たり前じゃないか！」と思いますよね。

しかし、ほどなくしてB社は倒産してしまいました。A社はじめ同業他社は営業を続けているので、突然の大不況が襲ってきたわけではなさそうです。

なぜ売上高、経常利益、当期純利益という主要な項目がA社と同じなのに、B社は倒産してしまったのでしょうか？

実はB社は以前、営業利益が赤字になったため、業績を改善しようと新規のお客さまを増やす努力をしました。そのため「代金は後払いでいいですよ！」と、かなり先延ばしにし、ほとんどの売り上げを手形取引にしたのです。結果、売上代金の回収前に、仕入代金の支払日が来てしまい、手元にお金がなく支払いができず、資金がショートし倒産したのです。

実際、1990年代、私が勤めていた建設会社では手形取引

が主流でした。なんと支払いは120日後。例えば、4月の売上が500万円、4月末に得意先に500万円の請求を出し、5月に届いた手形の支払期日欄には「8月31日に支払います」と記入されているんです。4月の売上がお金に換わるのが120〜150日後です。最近はこれほど長い手形サイト（振出日から支払期日までの日数）は珍しいですし、中小企業庁も60日以内を要請しています。

このように利益が出ているのに、倒産する会社を**黒字倒産**といいます。

利益は同じ額を出していた両社ですが、A社は資金繰りが上手くいったのに対し、B社は失敗していたのです。

赤字なのに資金繰りは何とかなり、倒産していない会社がある一方、黒字なのに倒産する会社もあります。お金の流れの実態は、損益計算書や貸借対照表だけでは判断できないのです。

また、同規模のC社とD社。貸借対照表を確認すると、両社とも借入金が前年より2億円も増えています。借金が増えるとネガティブな印象を持ってしまうのが一般的です。

しばらくして、C社は経営破綻して倒産しましたが、D社は著しい成長を遂げました。

同時期に多額の借金をした両社に何が起こったのでしょうか？

C社は本業での資金繰りが上手くいかず、その穴埋めとして借金をしました。その後も経営状況が改善できず、倒産し

たのです。

　一方、Ｄ社は借金をして調達した資金を**新たな設備投資に使い飛躍的に成長**しました。

　資金調達や投資の状況を貸借対照表で読み解くのは難しく、黒字倒産する場合は損益計算書では見抜けません。

　そこで**登場するのがキャッシュ・フロー計算書**（cash flow statement＝ＣＦ）です。

Point!

損益計算書や貸借対照表では、見抜けないこともある。それを分析するために生まれたのが、キャッシュ・フロー計算書。

02 読む順① 期首と期末の「現金の増減」をチェックせよ

 恐怖の「黒字倒産」はこうして起こる！

キャッシュ・フロー計算書の前に、**小遣い帳を思い出してみてください。**

小学生のころ、新年から気持ちも新たに小遣い帳をつけませんでしたか？

財布のなかには去年から入っていた 3,000 円。1 月 1 日に父親からお年玉を 5,000 円、おじいちゃんから 10,000 円、親戚のおじさんから 5,000 円……1 月 8 日 4,000 円のプラモデルを購入、1 月 10 日 10,000 円を貯金、1 月 25 日お小遣い 5,000 円……12 月末までつけ続け、12 月 31 日の現金の残高は 7,200 円。

キャッシュ・フロー計算書は、会社の小遣い帳のようなものです。

最初に持っていたお金（期首残高）に 1 年間の増減を加え、最後にお金がいくら残ったのか（期末残高）を明らかにしています。

違うのは、小遣い帳が「日付順」に記録しているのに対し、キャッシュ・フロー計算書は「**営業**活動によるキャッシュ・フロー（以下、営業ＣＦ）」、「**投資**活動によるキャッシュ・フロー（以下、投資ＣＦ）」「**財務**活動によるキャッシュ・フロー

図47

小遣い帳

日時	内訳	入金	出金	残高	
				3,000	←最初
1月 1日	父　お年玉	5,000		8,000	
1月 3日	おじいちゃん　お年玉	10,000		18,000	
1月 5日	さちおおじさん　お年玉	5,000		23,000	
1月 8日	プラモデル		4,000	19,000	どんな
1月10日	貯金		10,000	9,000	流れで
・				・	
・				・	
・				・	
12月31日	ケーキ		1,500	7,200	←最後にいくら

キャッシュ・フロー計算書

1月 1日　期首　　　　　　　　　　3,000 ←最初

営業 CF　＋50,000
投資 CF　▲40,000
財務 CF　▲ 5,800

12月31日　期末　　　　　　　　　　7,200 ←最後にいくら

（以下、財務ＣＦ）」と原因別に分けて、お金の流れを記録していることです。

　キャッシュ・フロー計算書は、一会計期間のお金の流れを**本業と日々の活動**（営業ＣＦ）、事業や設備の**将来への投資**（投資ＣＦ）、金融機関からの**資金の調達や返済**（財務ＣＦ）

に分けて報告する決算書です。

文字どおり「現金（キャッシュ）の流れ（フロー）を示す計算書」で、貸借対照表や損益計算書だけでは読み取ることのできない会社のお金の流れを追うことができます。実際のお金の動きを追いかけるので、誤魔化しはききません。客観的な事実のみが開示されます。

損益計算書では、利益が出ているのに資金繰りが悪くて倒産する！
なぜ、そんなことが起こるのでしょうか？

それは、現金の「収益・費用」と、「収入・支出」の計上にズレが生ずるからです。簡単にいうと、当期の収益が当期の現金収入と一致するとは限らず、当期の費用も当期の支出と一致するとは限らないからです。

「当期の収益 ≠ 当期の現金収入」
「当期の費用 ≠ 当期の現金支出」

もちろん、現金70万円を支払って仕入れた消しゴムを100万円で販売して現金を受け取る。電気代もガス代も交通費もすべての取引が現金で支払うなら、「当期の収益 ＝ 当期の現金収入」「当期の費用 ＝ 当期の現金支出」で一致します。
しかし、70万円分の消しゴムを現金で仕入れ、100万円で販売した代金は決算日の90日後に受け取る約束だとどう

なるでしょう？

　残金ゼロで、この2つの取引しかなかったとしたら、損益計算書には

　　売上高　　　100万円
　　売上原価　　 70万円
　　利益　　　　 30万円

と計上され、30万円の黒字になります。

　しかし、キャッシュ・フローは

　　収入　　　　　0万円
　　支出　　　　 70万円
　　残高　　　　−70万円

になるのです。

　30万円も利益が出ているのに、会社に残っているお金はなんとマイナス70万円！

　利益と一致していないどころか、これでは会社が危険な状況、まさに黒字倒産の危機です！

　このように「収益と現金収入」と「費用と現金支出」には、ズレが生じます。この結果、「利益」と「現金収支」もズレが生ずるのです。お金と利益は奇跡でも起こらない限り、必ずズレます！　そのため、お金の流れを把握するためにキャッシュ・フロー計算書が必要なのです。

　キャッシュ・フロー計算書は損益計算書の「利益」についてお金の裏付けを示し、決算書を読んだ方が利益の質を評価する手段として使います。

　前述した例のように、損益計算書の利益が同じ会社でもキャッシュ・フローに差があれば「キャッシュの多い企業が資金獲得能力に優れ業績が良い」と考えるべきでしょう。

Point!

【読む順①】期首にあった現金が、期末いくらになったかを確認する！

読む順② 営業CFの プラスマイナスを確認する

 建物を買ったらマイナス？　借金したらプラス？

　それでは、図48で実際のキャッシュ・フロー計算書を見てみましょう。何からどう見ていいか分かりませんよね。「キャッシュ」は、直訳すると現金を意味しますが、会計では「現金」だけではありません。現金だと会社の金庫に入っているお金のみになりますよね。キャッシュ・フロー計算書でいうキャッシュは「現金及び現金同等物」で、具体的には

・手元にある現金
・「普通預金」「当座預金」など、すぐ引き出せる預金
・満期日まで３か月以内の定期預金など

　現金のほかにも短期間で引き出せる預金も含みます。決算書を読むことだけを考えれば「現金及び預金」のことだと考えても問題ありません。

　キャッシュ・フロー計算書を上から読むと、減価償却費、減損損失、のれん償却額……これらの増減を正確に把握し、計算書に反映するのは難しい。しかし、**読むだけなら簡単です**。最初にいくらお金があって、一会計期間を終えた最後の日に、いくらになっているのかを明らかにした計算書だからです。

キャッシュ・フロー計算書

（単位：百万円）

営業活動によるキャッシュ・フロー	
税金等調整前当期純利益	21,800
減価償却費	6,898
減損損失	5
のれん償却額	27
貸倒引当金の増減額（△は減少）	64
賞与引当金の増減額（△は減少）	65
退職給付に係る資産負債の増減額	△335
関係会社事業損失引当金の増減額（△は減少）	28
固定資産解体費用引当金の増減額（△は減少）	△175
受取利息及び受取配当金	△847
支払利息	174
持分法による投資損益（△は益）	5,202
固定資産売却損益（△は益）	△2,858
固定資産廃棄損	301
投資有価証券売却損益（△は益）	△3,405
投資有価証券評価損益（△は益）	6
関係会社株式評価損	827
売上債権の増減額（△は増加）	△790
棚卸資産の増減額（△は増加）	△1,280
仕入債務の増減額（△は減少）	686
その他	△2,149
小計	24,247
利息及び配当金の受取額	860
利息の支払額	△161
法人税等の支払額	△3,157
営業活動によるキャッシュ・フロー	21,789
投資活動によるキャッシュ・フロー	
定期貯金の純増減額（△は増加）	115
有形固定資産の取得による支出	△3,988
有形固定資産の売却による収入	4
無形固定資産の取得による支出	△2,050
投資有価証券の取得による支出	△153
投資有価証券の売却による収入	5,646
関係会社株式の取得による支出	△917
短期貸付金の純増減額（△は増加）	△50
長期貸付金の回収による収入	6
その他	△208
投資活動によるキャッシュ・フロー	2,563
財務活動によるキャッシュ・フロー	
短期借入金の純増減額（△は減少）	△586
リース債務の返済による支出	△1,254
長期借入金の返済による支出	△3,128
連結の範囲の変更を伴わない子会社株式の取得による支出	△270
自己株式の取得による支出	△3,956
自己株式取得のための預託金の増減額（△は増加）	△1,042
配当金の支払額	△4,820
財務活動によるキャッシュ・フロー	△15,059
現金及び現金同等物に係る換算差額	703
現金及び現金同等物の増減額（△は減少）	9,997
現金及び現金同等物の期首残高	90,577
現金及び現金同等物の期末残高	100,575

重要なのは、最初にあったお金が**どのような増減理由で最後の金額になったか**です。

　その理由を「営業ＣＦ」「投資ＣＦ」「財務ＣＦ」の３つに分けて、現金の収入・増加を「プラス」、現金の支出・減少を「マイナス」で表示しています。

　キャッシュ・フロー計算書を読む際に注意するのが、「資産」の増加は現金の支出を伴い「負債」の増加は現金の収入を伴うことです。

「資産」が増えると会社が儲かっているプラスのイメージ、「負債」が増えるとマイナスのイメージですが、資産が増えるとキャッシュはマイナスになり、負債が増えるとプラスになります。

　具体例で考えると簡単です。

　例えば、「資産」である建物を 1,000 円で購入しました。

　建物という資産は増えます。

　現金はどうなりますか？

　建物を買ったら、**現金 1,000 円は減ります。**キャッシュ・フロー計算書はお金の流れを知るための計算書です。お金が主役です。お金側から見れば、物を買うことでお金は減っています。つまり**キャッシュは 1,000 円マイナス**になります。

　銀行から 2,000 円を借りてきました。

　借入金という負債は増えます。

　現金はどうなりますか？

　借金したら、**現金 2,000 円は増えます。**つまり**キャッシュは 2,000 円プラス**になります。

「営業活動によるキャッシュ・フロー」は、会社の本業によるお金の流れ

　営業ＣＦの区分には、本業におけるキャッシュ・フローが記載されています。商品の売り上げによる実際の収入額である「営業収入」、商品の仕入れによる実際の支出額である「商品の仕入れによる支出」、そのほかの営業に係る費用の実際の支出額を記載します。

　「営業ＣＦ」の金額は、外部から資金調達することなく、どの程度の資金を会社の本業から獲得したかを示す主要な情報です。「小計」より下には、投資活動、財務活動どちらにも該当しない項目を記載します。

　減価償却費、貸倒引当金の増減額、仕入債務の増減額などの求め方など謎は多いかもしれませんが、作り方ではなく読み方が重要です。

　「営業活動によるキャッシュ・フローの合計額」が、プラスなら本業でお金が増えている、マイナスなら本業でお金が減っている。

　これだけ読めるだけでＯＫです。

　そして**絶対にいえることは、「営業ＣＦはプラスが大きければ大きいほどいい」ということです！**

　営業ＣＦがプラスになっているということは、**本業で現金を生み出せている**ということです。

　３期、４期とマイナスになっていると、本業を続けること

図49

キャッシュ・フロー計算書

(単位：百万円)

営業活動によるキャッシュ・フロー	
税金等調整前当期純利益	10,000
減価償却費	7,000
売上債権の増減額（△は増加）	△2,000
棚卸資産の増減額（△は増加）	△1,500
仕入債務の増減額（△は減少）	500
小計	**14,000**
法人税等の支払額	△3,000
営業活動によるキャッシュ・フロー	**11,000**

で現金が流出していることを意味します。本業でマイナスが長く続くと会社が潰れる危険性が高くなります。

　本業による稼ぎを意味する営業ＣＦは、プラスの金額が多ければ多いほどいいということです。

Point!

【読む順②】営業ＣＦがプラスかマイナスかを確認する！
プラスならプラスなほどいい！

04 読む順③ 投資ＣＦの プラスマイナスを確認する

「投資活動によるキャッシュ・フロー」は、 投資についてのお金の流れ

投資ＣＦの区分には、固定資産の取得及び売却、現金同等物に含まれない短期投資の取得及び売却による現金の増減が記載されます。

会社の固定資産を新しくする設備投資と、株などの金融商品を売買する資産運用の２つがメインです。

この区分には、固定資産・有価証券・貸付金に係るお金の収入と支出が記載されています。

預入期間が３か月を超える定期預金をした場合「定期預金の預け入れによる支出」として記載されます。また満期を迎えた場合は「定期預金の払い戻しによる収入」として記載されます。

この区分に対する金額は、**会社が将来の利益獲得及び資金運用のために、どの程度の資金を支出し回収したかを示す情報**になります。

投資ＣＦは、会社が将来のためにどれだけ投資をしたかを意味しています。そのため成長している会社は、通常マイナスになります。

図50

キャッシュ・フロー計算書

(単位：百万円)

投資活動によるキャッシュ・フロー	
定期貯金の純増減額（△は増加）	200
有形固定資産の取得による支出	△9,000
有形固定資産の売却による収入	2,000
無形固定資産の取得による支出	△1,000
投資有価証券の取得による支出	△100
関係会社株式の取得による支出	△1,000
短期貸付金の純増減額（△は増加）	△200
投資活動によるキャッシュ・フロー	**△9,100**

Point!

【読む順③】 投資CFがプラスかマイナスかを確認する！
成長している会社は通常マイナス！

05 読む順④ 財務CFの プラスマイナスを確認する

「財務活動によるキャッシュ・フロー」は、 資金調達におけるお金の流れ

財務CFの区分には、借入れによる収入及び返済による支出など、会社の資金調達及び返済についてのキャッシュ・フローが記載されます。

具体的には、借入金による収入と返済による支出、社債の発行による収入と償還（払い戻し）による支出、株式の発行による収入、自己株式の取得による支出、配当金の支払額などが記載されます。

この区分は、会社が営業活動及び投資活動を維持するために、**どの程度の資金を調達し、または返済したかを示す情報**となります。

財務CFは、会社の借金の状況を表し、プラスだと借金をして資金を増やしていることになります。重要なのは、その**借金で得たお金を何に使っているか**です。

設備投資など会社の成長のために使っていれば問題はありません。しかし、会社の運転資金の穴埋めに使っているようであれば問題です。

一方、**マイナスは借金を返済していることを意味**します。比較的余裕のある経営が行えている会社といえるでしょう。

図51

キャッシュ・フロー計算書

(単位：百万円)

財務活動によるキャッシュ・フロー	
短期借入金の純増減額（△は減少）	△1,000
リース債務の返済による支出	△500
長期借入金の返済による支出	△4,000
自己株式の取得による支出	△400
自己株式の売却	200
財務活動によるキャッシュ・フロー	**△5,700**

Point!

【読む順④】 財務CFがプラスかマイナスかを確認する！
借金を返せばマイナスになる！

06 | 読む順⑤ フリーCFの プラスマイナスを確認する

1. 本業で稼いでいるかは、「ここ」で分かる！

キャッシュ・フロー計算書を読むことで、次に示す「会社の4つの情報」を知ることが可能です。

まず営業ＣＦを読めば、会社がどれだけ本業で稼いでいるかが分かります。金額が多ければ多いほど、本業で現金を生み出していることになります。本業で多くの現金を生み出せば、会社の成長に欠かせない設備投資などの投資活動に資金を回すこともできるし、借入金の返済に充てることもできます。

営業ＣＦが多いほど安定した資金繰りが可能となり、健全な経営が行えます。

マイナスの場合は、本業から現金を生み出すことができていない状況、危険信号が灯っています。営業ＣＦはプラスなほど「本業で稼いでいる」のです。

営業ＣＦはプラスならプラスなほどいいと思ってください。

2. 未来のために投資をしているかは、 「ここ」で分かる！

投資ＣＦを読めば、会社が未来のためにどれだけ投資をしているかが分かります。投資には、会社の固定資産を新しく

する設備投資と、株などの金融商品を売買する資産運用の2つの意味があります。設備投資には現金の支出を伴うため、未来のための投資が十分にできている場合には、マイナスになります。

　成長している会社は、マイナスになることが基本です。

　プラスということは、お金は増えています。つまり固定資産や有価証券といった「資産」を売却しているので、なぜ売ったのかを調べる必要があります。

　保有していた有価証券の時価が上がり儲けが出るので売却したのであれば問題はありません。

　しかし**事業における資金不足、営業ＣＦのマイナスを穴埋めするために資産を売却しているような場合には注意信号が灯っている会社**といえます。

3. 資金繰りに余裕があるかは、「ここ」で分かる!

　財務ＣＦは、会社の資金調達に係るキャッシュ・フローが記載されます。主に借入金についてのお金の動き、つまり会社がどれだけお金を借り、どれだけお金を返したかを示しています。

　借金したら手元のお金は増える。借金を返したら手元のお金は減る。

　つまり、**プラスの場合は借金を増やし**ているし、**マイナスの場合は借金を返しています。**借りたお金が、返したお金よりも多ければプラスになります。

　マイナスなら借金を返済する余裕がある状態です。

　ただし、成長企業にとっては、借金をしてでも資金を調達し、設備投資をすることも重要な戦略です。成長企業にとって借金は勲章ともいえます。「プラス⇒借金増⇒ネガティブ」と捉えるだけではなく、**借金をして得たお金が何に使われたかを読み解く必要**があります。

　そこで**投資ＣＦの区分に目をうつし、調達した資金が固定資産の購入など設備投資に使っているのであれば問題ありません。**

　しかし、調達した資金を会社の運用資金として使っているなら要注意です。**プラスの場合、営業ＣＦと投資ＣＦの２つの区分と合わせてお金の動きを読む**必要があります。財務ＣＦがプラスでも、営業ＣＦがプラスで投資ＣＦがマイナスであれば、将来のために積極的に投資をしている会社といえるでしょう。

　財務ＣＦがプラス（外部からお金を借り）で、営業ＣＦがマイナス（本業でお金がなく）、投資ＣＦがプラス（固定資産を売って金を作っている）であれば、かなり資金繰りに困っている会社かもしれません。

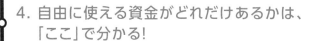

4. 自由に使える資金がどれだけあるかは、　　「ここ」で分かる!

　例えば、あなたはもらった給料を全額、自由に使うことができるでしょうか？　「実家住まいで稼いだお金は全部趣味に使えます！」という生活にはめちゃめちゃ憧れますが、現実は家賃や携帯代金の支払い、電気料金にガス料金、食費のためのお金もかかるので、好きなことだけに使えるお金はご

図52

ざっくりの王道

1 営業CFは、絶対プラス

2 投資CFは、営業CFのプラスの範囲内でマイナス

3 財務CFは、なるべくならマイナス

くわずか……これが現実ではないでしょうか。

　会社に当てはめると「会社が自由に使えるお金」はいくらなのでしょうか?

　会社が自由に使えるお金を「フリー・キャッシュ・フロー（以下、フリーＣＦ）」といいます。

　「フリー・キャッシュ・フロー」は、「営業活動によるキャッシュ・フロー＋投資活動によるキャッシュ・フロー」という算式で求められます。つまり、本業で稼いだお金から投資で使ったお金を差し引いたあとに、手元に残ったお金を意味します。

　営業ＣＦ＋投資ＣＦ＝フリーＣＦ

　「フリー・キャッシュ・フロー」がプラスなら、新たな設備投資を行ったり、借金の返済に充てたり、株主への配当を増やして還元したり、まさにフリー（自由）に使うことができます。

　マイナスになると、事業の継続に必要な資金が不足していることを意味しますから、外部から新たに資金を調達するなどして不足分を穴埋めする必要も出てきます。

　会社が自由に使えるお金なので、それを何に使っているかで会社の経営方針も見えてきます。

　設備投資を積極的に行い未来の成長を目指す会社もあれば、借金の返済に充てて会社の財政状態の改善を目指す会社、何かあったときのために備えて社内に残す会社。

「フリー・キャッシュ・フロー」の使い方で会社の目指す方向性が読めてきますね。

Point!

【読む順⑤】フリーCFのプラスマイナスを確認する。

読む順⑥ 営業・投資・財務CFを、組み合わせて分析する

8パターンの「キャッシュ・フロー」の組み合わせから分かること

「営業」「投資」「財務」、3つのキャッシュ・フローがそれぞれプラスになっているか、マイナスになっているかの組み合わせにより、会社の経営状態が判断できます。キャッシュ・フローは**単体で読んだ後は、組み合わせで判断することが重要**です。

①営業CFがプラス、投資CFがマイナス、
　財務CFがマイナス＝優良企業

　この場合、本業で十分な稼ぎがあり、本業で得たお金を設備投資と借金の返済に回していると分析できます。経営状態は良好。優良企業といえます。

②営業CFがプラス、投資CFがマイナス、
　財務CFがプラス＝成長企業

　本業で十分な稼ぎがあり、かつ新たに借金により調達した資金を設備投資に充てていると思われます。経営状態は良好。さらなる成長を求めて積極的に投資をしている会社といえます。

図53

タイプ	評価	営業CF	投資CF	財務CF	推測
①	優良企業	+	−	−	本業のプラスを設備投資に回し、借金も返済
②	成長企業	+	−	+	本業でプラスなのに、借金し、さらに設備投資
③	改善企業	+	+	−	本業でプラスだが、固定資産も売却して、借金返済
④	一発逆転企業	−	−	+	本業不調だが、借金をしてまで設備投資
⑤	危険企業	−	+	−	本業不調、固定資産も売却して借金返済
⑥	危険企業	−	+	+	本業不調、固定資産を売却しさらに借金まで
⑦	将来計画企業	+	+	+	全てプラスなレアケース。将来の投資のために資金集め
⑧	過去蓄積企業	−	−	−	全てマイナス。過去、現金の蓄積があり、設備投資で逆転を狙う

③営業CFがプラス、投資CFがプラス、

財務CFがマイナス＝改善企業

　営業ＣＦがプラスなので本業は順調。財務ＣＦがマイナスなので借金の返済に力を入れている状態。投資ＣＦがプラスなので固定資産などの売却によって得たお金も借金の返済に充てている状況だと分析できます。借金を減らして財政状態を改善しようとしている会社といえます。

④営業CFがマイナス、投資CFがマイナス、

財務CFがプラス＝一発逆転企業

　営業ＣＦがマイナスなので本業が不調。これは要チェック

の会社ですね。

　それにもかかわらず投資活動によるキャッシュ・フローが
マイナスなので設備投資を行っています。財務ＣＦがマイナ
スなので、設備投資の資金を借金によって賄っていると分析
できます。一発逆転、本業の復調を目指して設備投資をして
いる状況でしょうか？　設備投資による状況の改善がかなわ
なければ、一気に経営が傾いてしまうかもしれない、ちょっ
と危うい会社といえます。

⑤営業CFがマイナス、投資CFがプラス、
　財務CFがマイナス＝危険企業

　営業ＣＦがマイナスなので本業が不調。④のケースと同じ
で注意が必要です。

　さらに財務ＣＦがマイナスなので借金の返済を行っていま
す。投資ＣＦがプラスなので資産を売却し、そこで得た資金
を借金返済に充てていると分析できます。資金繰りが悪化し
ていて、資産の売却でしのぐほど危険な状態かもしれません。

⑥営業CFがマイナス、投資CFがプラス、
　財務CFがプラス＝危険企業

　営業ＣＦがマイナスなので、④⑤と同じように本業で稼
げていません。注意が必要です。

　一方、投資ＣＦと財務ＣＦがプラスなので、資金不足を資
産の売却と借金によって賄っている状態と分析できます。営
業ＣＦのマイナスが大きくなり、売却できる資産が底をつい
たら一気に倒産まっしぐらの会社ともいえます。

⑦営業CFがプラス、投資CFがプラス、財務CFがプラス＝将来計画企業

営業ＣＦでプラスなのに、返済ではなく、借入をしてお金を増やしている。さらに注目したいのは、固定資産や有価証券を売却して、投資ＣＦもプラスなこと。売却益が出る時期に有価証券を売却したなどの理由があれば別ですが、すべてプラスということは、将来の大きな投資のために、お金を集めているともいえるでしょう。

⑧営業CFがマイナス、投資CFがマイナス、財務CFがマイナス＝過去蓄積企業

営業ＣＦがマイナスなのに、借金を返済し、さらに投資にもお金を使っている。過去の活動により現金の蓄積がある会社。設備投資を行い、将来の営業ＣＦをプラスにしようと考えているかもしれません。

「キャッシュ・フロー計算書」から得られる情報は、**営業ＣＦは絶対的にプラスが重要**ですが、「投資」「財務」については単純に「プラス」が良い、「マイナス」が悪いとはいえません。ほかの区分のキャッシュ・フローと合わせて読むことで得られる情報が変わってきます。

ただし、「キャッシュ・フロー計算書」の下部に記載される「現金及び現金同等物の増加額（または減少額）」は、当期におけるトータルのキャッシュ・フローを意味しますので、この金額はプラスであることが望ましいです。

図54は以上の流れをまとめたものです。この順番に読んでいけば、キャッシュ・フロー計算書からその企業のお金の流れの「傾向」がつかめてきます。

　本章の終わりに、キャッシュ・フロー計算書を読む順番をまとめました。チェックする順番はシンプルですが、それぞれのキャッシュ・フローの項目が持つ「意味」を事前に押さえておくことが必要です。

　ここまで来れば、かなり本格的に企業を比較・分析する段階に入りました。自信を持って、色々なキャッシュ・フロー計算書を見てみてください。

○まとめ　キャッシュ・フロー計算書は、「ここ」しか読まない

読む順①

期首と期末の「現金の増減」をチェックせよ

読む順②

営業ＣＦのプラスマイナスを確認する

　→プラスならプラスなほど良い！

読む順③

投資ＣＦのプラスマイナスを確認する

　→成長している企業は通常マイナス

読む順④

財務ＣＦのプラスマイナスを確認する

　→借金を返せばマイナスになる

読む順⑤

フリーＣＦのプラスマイナスを確認する

図54

優良企業（+・−・−）のキャッシュ・フロー計算書

202●年4月1日〜202○年3月31日（単位：千円）

Ⅰ 営業活動によるキャッシュ・フロー		
税金等調整前当期純利益		20,000
減価償却費		7,000
貸倒引当金の増減額（△は減少）		100
売上債権の増減額（△は増加）		△800
棚卸資産の増減額（△は増加）		△1,500
仕入債務の増減額（△は減少）		800
小計		**25,600**
法人税等の支払額		△3,000
営業活動によるキャッシュ・フロー	②⑤⑥	**22,600**
Ⅱ 投資活動によるキャッシュ・フロー		
有形固定資産の取得による支出		△14,000
有形固定資産の売却による収入		3,000
投資有価証券の取得による支出		△100
投資有価証券の売却による収入		500
関係会社株式の取得による支出		△1,000
貸付金の回収による収入		100
投資活動によるキャッシュ・フロー	③⑤⑥	**△11,500**
Ⅲ 財務活動によるキャッシュ・フロー		
短期借入による収入		600
短期借入金の返済による支出		△1,500
長期借入金による収入		2,000
長期借入金の返済による支出		△4,000
自己株式の取得による支出		△1,000
配当金の支払額		△2,000
財務活動によるキャッシュ・フロー	④⑥	**△5,900**
Ⅳ 現金及び現金同等物の増減額（△は減少）		**5,200**
Ⅴ 現金及び現金同等物の期首残高	①	**70,000**
Ⅵ 現金及び現金同等物の期末残高	①	**75,200**

本業でプラスか？

未来に設備投資をしているか？

借金を返済しているか？

① 期首にあった現金が、期末いくらになったかを確認する！
② 営業CFがプラスかマイナスかを確認する！
③ 投資CFがプラスかマイナスかを確認する！
④ 財務CFがプラスかマイナスかを確認する！
⑤ フリーCFがプラスかマイナスかを確認する！
⑥ 営業CF、投資CF、財務CF、組み合わせで確認する！

→営業ＣＦ＋投資ＣＦ

読む順⑥

営業・投資・財務ＣＦを、組み合わせて分析する

Point!

【読む順⑥】 営業・投資・財務CFを組み合わせて分析する。

第 **7** 章

財務三表は、
「ここ」しか
読まない

損益計算書と貸借対照表の間の「お金の流れ」を表したCF計算書

利益の算出方法は2種類ある

　一定期間にどれだけ利益を計上したか、簡単にいうと1年間でどれだけ儲かったのかを明らかにする方法には2つあります。

　1つは、1年間の収益から費用を差し引いて求める**損益法**。

　損益法は、損益計算書を使って利益を明らかにします。どのような原因で利益が計上されるのか、3つの収益、5つの費用で確認することができましたよね。

　ただし、デメリットもあります。それは、実地ではなく帳簿により管理しているため、その数字が真実かどうか分からないということです。

　もう1つが**財産法**。期首時点の純資産額と期末時点の純資産額の増加分を利益として計上します。減少していたら損失になります。

　財産法は実地で計算するので、簡単に算出でき、かつ実地なので正確です。気づかずに紛失、盗難にあっていた資産なども把握できます。

　ただし、デメリットもあります。それは、帳簿による管理をしていないので、どのような原因で利益が計上されたかが分からないことです。たしかに期首の貸借対照表と期末の貸借対照表を比較するだけだと、どのような原因で利益が計上

図55

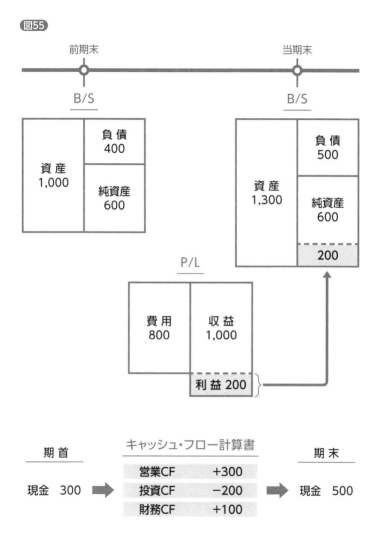

前期末　　　　　　　　　　　　　当期末

B/S

| 資産 1,000 | 負債 400 |
| | 純資産 600 |

B/S

資産 1,300	負債 500
	純資産 600
	200

P/L

| 費用 800 | 収益 1,000 |
| | 利益 200 |

キャッシュ・フロー計算書

期首			期末
	営業CF	+300	
現金 300	投資CF	−200	現金 500
	財務CF	+100	

されたか分かりませんよね。

　そこで、損益法を用いて収益費用の内容を損益計算書に表示し、財産法を用いて純資産の増加額を貸借対照表に表示することで、お互いのデメリットを補完できるのです。

　ただし、この２つでは、お金の流れは把握できません。そこで登場したのが、キャッシュ・フロー計算書というわけなのです。

Point!
損益計算書と貸借対照表には、それぞれのデメリットを補完し合う形で作られている。さらにそれを補う形で作られているのが、キャッシュ・フロー計算書。

02 財務三表の間に隠された密接な関係とは?

財務三表の間の、どことどこが関連しているかを押さえる

　ここまでにご紹介してきた損益計算書、貸借対照表、キャッシュ・フロー計算書のことを合わせて「財務三表」といいます。先ほどの項でお話ししたとおり、財務三表は密接につながり、関連しているのです。

　図56をご覧ください。このように貸借対照表では、

・どのようにしてお金を集め（右）
・どのように運用や投資をしているか（左）

　が示され、損益計算書では、その資産を使って

・どのようにして収益を上げ
・収益を得るために犠牲になった費用はいくらで
・その結果、どれだけ儲かったか?

　が示されています。

　最終結果は、損益計算書に当期純利益として計上し、貸借対照表の利益剰余金に組み込まれ、次の期の利益、収益獲得の源泉になっていきます。

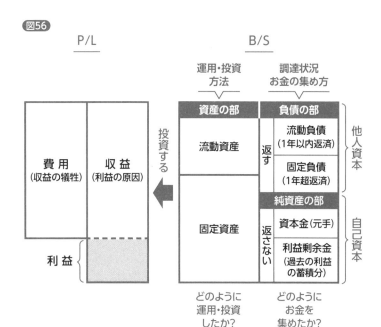

図56

CF計算書

Ⅰ 営業CF	➡	P/Lの利益と関連
Ⅱ 投資CF	➡	B/Sの固定資産と関連
Ⅲ 財務CF	➡	B/Sの負債と関連

また、キャッシュ・フロー計算書では、

・最初にいくらのお金があり

・どのような入金と、どのような出金があって

・最後にいくら残っているか？

これらの項目が

・営業ＣＦ＝どのように利益を上げたか（P/L）
・投資ＣＦ＝将来のためにどのような投資をしたか（B/S左）
・財務ＣＦ＝どうお金を集め、返済したか（B/S右）

　という形で示され、前項でお話ししたように、まさに P/L と B/S の間にある「お金の流れ」をキャッシュ・フロー計算書で明らかにしているのです。

Point!

損益計算書、貸借対照表、キャッシュ・フロー計算書はそれぞれが密接に関連し、企業全体のお金の姿を表している。

決算書は、「ここ」しか読まない
──ポイントを一挙におさらい！

 最速で読み、瞬時に企業分析できる準備は整った

　本書も、いよいよ終わりに近づいてきました。

　各章を読むことで、資産・負債・純資産・収益・費用、それぞれの性質を知り、企業分析に必要な読み方を知ることで、収益性や安全性、成長性を正しく把握できるようになり、損益計算書、貸借対照表、キャッシュ・フロー計算書の意味も、理解できたのではないでしょうか。

　ここまで読んでもらえれば、後は様々な決算書を読み解いていくだけです。膨大な数字の羅列だった決算書から、何を求めていけばよいかがクリアになりましたよね。そして、今までに見えていなかった決算書の世界が広がっていきます。

　本書の最後に、紹介してきた「ここしか読まない」ポイントをおさらいする形でまとめました。要点を押さえながら、あなたの会社の決算書や、気になる会社の決算書の本質を読み取ってください。

1. 損益計算書は、「ここ」しか読まない（図57）
読む順①
「売上高」は最強の収益！　最も重要で一番に読むべき項目
読む順②
「４つの利益」から会社の経営状態を分析する

損益計算書

202●年4月1日～202○年3月31日 （単位：百万円）

売上高	50,000
売上原価	35,000
売上利益	15,000
販売費及び一般管理費	9,000
営業利益	6,000
営業外収益	
受取利息	2,000
為替差益	3,000
営業外収益合計	5,000
営業外費用	
支払利息	2,000
支払手数料	500
支払賃借料	500
営業外費用合計	3,000
経常利益	8,000
特別利益	
建物売却益	3,000
特別損失	
火災損失	2,000
税引前当期純利益	9,000
法人税、住民税、事業税	3,000
当期純利益	6,000

←①売上高をまず確認
③-5

←②-1　4つの利益を確認
③-1　利益率を求める

←②-2
③-2

←②-3
③-3

←②-4
③-4

④「売上高増加率」で会社の「成長性」を読み解こう！

読む順③

「利益率」から、企業の収益性を読み解く

読む順④

「売上高増加率」で、会社の「成長性」を読み解く

2. 貸借対照表は、「ここ」しか読まない（図58）

読む順①

会社の規模を確認するため、「資産合計」を確認しよう

読む順②

「自己資本比率」から、自前で用意したお金の割合を知る

読む順③

「流動比率」から、短期の資金繰りの安全性を読む

読む順④

「当座比率」で当座資産と流動負債の比率を確認する

読む順⑤

「固定比率」などで、固定資産と調達状況を比較する

3. 損益計算書 vs. 貸借対照表は、「ここ」しか読まない（図59）

読む順①

「ＲＯＥ」から、株主の資本（自己資本）を、いかに効率よく運用できたかを分析する

読む順②

「ＲＯＡ」から、総資産を利用して、どの程度の利益をたたき出したかを分析する

図58

貸借対照表

202○年3月31日 （単位：百万円）

資産の部		負債の部	
流動資産		**流動負債**	
④-1 現金及び預金	24,000	支払手形及び買掛金	5,000
④-2 受取手形及び売掛金	3,000	短期借入金	8,000
④-3 有価証券	1,000	未払金	6,000
商品及び製品	1,050	その他	2,000
貸倒引当金	△ 50	流動負債合計	21,000 ③-2、④-4
③-1 流動資産合計	29,000	④「当座比率」で、当座預金と	
③「流動比率」で、短期の資金 繰りの安全性を読む！		流動負債の比率を確認する！	
		固定負債	
固定資産		長期借入金	10,000
有形固定資産		リース債務	8,000
建物及び構築物	35,000	固定負債合計	18000 ⑤-3
工具、器具及び備品	19,000	負債合計	39000
土地	10,000	**純資産の部**	
有形固定資産合計	64,000	**株主資本**	
投資その他の資産		資本金	20,000
投資有価証券	5,000	資本剰余金	2,000
長期貸付金	4,000	利益剰余金	41,000
投資その他の資産合計	9,000	株主資本合計	63,000
⑤-1 固定資産合計	73,000	②-1、⑤-2 純資産合計	63,000
① 資産合計	102,000	②-2 負債純資産合計	102,000
①「資産合計」を読み、会社の 規模を確認しよう！		②「自己資本比率」で、自己資本と 他人資本のバランスを読む！	

図59

P/L

売上高	50,000
売上原価	35,000
売上総利益	15,000
〜	
経常利益	8,000
〜	
当期純利益	6,000

B/S

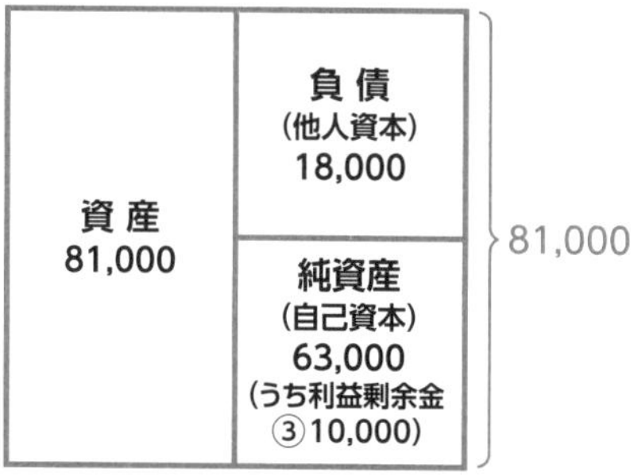

資 産 81,000	負 債 (他人資本) 18,000
	純資産 (自己資本) 63,000 (うち利益剰余金 ③10,000)

⟩81,000

① $ROE = \dfrac{6,000}{63,000} = 9.5\%$

② $ROA = \dfrac{8,000}{81,000} = 9.8\%$

読む順③

過去の利益の蓄積分である「利益剰余金」の金額を確認する！

4. キャッシュ・フロー計算書は、「ここ」しか読まない（図60）

読む順①

期首と期末の「現金の増減」をチェックせよ

読む順②

営業ＣＦのプラスマイナスを確認する

読む順③

投資ＣＦのプラスマイナスを確認する

優良企業（+・－・－）のキャッシュ・フロー計算書

202●年4月1日〜202○年3月31日（単位：百万円）

I 営業活動によるキャッシュ・フロー		
税金等調整前当期純利益		900
減価償却費		10,000
貸倒引当金の増減額（△は減少）		50
売上債権の増減額（△は増加）		1,500
棚卸資産の増減額（△は増加）		△350
仕入債務の増減額（△は減少）		2,000
小計		**14,100**
法人税等の支払額		△3,000
営業活動によるキャッシュ・フロー	②⑤⑥	**11,100**
II 投資活動によるキャッシュ・フロー		
有形固定資産の取得による支出		△13,000
有形固定資産の売却による収入		7,700
投資有価証券の取得による支出		△100
貸付金の回収による収入		100
投資活動によるキャッシュ・フロー	③⑤⑥	**△5,300**
III 財務活動によるキャッシュ・フロー		
短期借入による収入		1,000
短期借入金の返済による支出		△2,000
長期借入金による収入		4,000
長期借入金の返済による支出		△5,000
配当金の支払額		△2,000
財務活動によるキャッシュ・フロー	④⑥	**△4,000**
IV 現金及び現金同等物の増減額（△は減少）		**1,800**
V 現金及び現金同等物の期首残高 ①		**22,200**
VI 現金及び現金同等物の期末残高 ①		**24,000**

> 本業でプラスか?

> 未来に設備投資を
> しているか?

> 借金を返済して
> いるか?

読む順④

財務ＣＦのプラスマイナスを確認する

読む順⑤

フリーＣＦのプラスマイナスを確認する

読む順⑥

営業・投資・財務ＣＦを、組み合わせて分析する

Point!

決算書を読むポイントは、本当に少しだけ！
要点を絞って、スピード理解＆分析に挑ん
でいこう！

おわりに

　これは韓国に住む友人から聞いた話です。

　韓国のある企業が、商品の見積もりを日本と中国の企業に頼みました。営業マンは日本と中国、どちらも20代後半です。

　日本の営業マンは、会社に持ち帰り先輩に相談しました。その後、課長→部長代理→部長→担当常務と稟議は順調に進み、大きな案件であるにもかかわらず、この会社では異例の7日間という速さで稟議がおりました。中国企業に勝つためにかなり気合いを入れて値引きもして、自信満々で韓国の企業に出向いたのです。

　ところが、彼らの訪問を受けた韓国企業の担当者からこんな言葉が……。

「あまりに遅いので辞退したと思い、中国企業に発注してしまいましたよ」

「えっ！　先方は、いつ見積書を出してきたんですか？」

「打ち合わせをした日の夜」に、iPadから送ってきました」

「……」（驚きのあまり、言葉を失う）

　笑えない話です。

　韓国の友人に聞いたところ、中国では大きな案件であっても20代後半の社員にも決裁権があり、社内に稟議を回して決裁を待つなど考えられないそうです。もちろん中国でも、すべての企業がそうとは限らないでしょう。

　しかし、この話を聞いたときは、日本企業とのスピード感の違いに愕然（がくぜん）としました。中国が出した見積もりは、かなり値引きをした日本の見積もりより高かったかもしれません。それでもスピードで圧倒的に日本より勝っていたのです。

　この日本企業も、ライバルが同じ日本国内の企業なら制度や完璧さ、質の良さで勝負できたかもしれません。

　しかし、ビジネスがグローバル化された現在、もっと根本的にスピードアップをしなければ、日本企業は世界では太刀打ちができなくなるかもしれません。

　解決策は、決裁者を減らすことです。そのためには、**あらゆるビジネスパーソンが決算書を読めること、しかも、最速で読む技術を身につけていることが必要になる**と私は考えています。

　中国で大きな案件にもかかわらず20代の社員に決裁権があるのは、適当に決裁権を与えているわけではなく、その社員が**取引先の決算書を読み、分析し、自身で判断する能力を身につけているから**ともいえます。つまり、決算書を最速で読み、流動比率や自己資本比率などから**取引先の安全性、収益性、成長性を確認し、取引を行う決断を自身で行っている**のです。

　こう考えると、今後ますます、**決算書を読むこと、しかも、最短最速で読み、企業分析まで行えること**が重要になってきます。そのことを強く、再認識させられたエピソードでした。

　最後になりましたが、出版にあたり、ご協力いただいた多

くの方々にこの場を借りてお礼申し上げます。

　ＰＨＰ研究所の宮脇崇広さん。

「決算書を最速で読むことに特化した１冊を書いて、数字アレルギーに悩むビジネスパーソンをなくしてください」と熱く語っていただき、ありがとうございます。

　お陰様で、決算書を最短最速で読み、企業分析を行い、ビジネスに活かすための書籍を書くことができました。

　友人である篠崎聡さん、水野浩一郎さん、下釜綾子さん、青山みるくさん。原稿チェック、情報収集、法令の確認、アイディアの提案など、大変お世話になりました。おかげで執筆に集中することができました。

　オンラインサロン石川塾、野口雄志最高顧問、事務局はじめの塾生の皆さま。的確なアドバイスをいただき、ありがとうございます。

　日商簿記３級・２級、１級建設業経理士そして税理士試験と、様々な試験でお世話になった大原簿記専門学校の講師の皆さま。学んだ知識によって、この書籍を書くことができました。

　最後に、この書籍を読んでくださったあなたへ。

　50以上ある分析項目のなかで、あなたに必要な分析指標はわずか少しだけです。数字の意味が理解できるようになれば、決算書は情報の宝箱です。

　御社の決算書なら、過去の実績、ライバル会社、業界平均と比較する。他社の決算書なら安全性、収益性、成長性を読

み取り、取引を決断する。

　今までは数字の羅列をそのまま漠然と見ているだけだったかもしれませんが、その意味するところを理解することで、決算書が「推理小説」のように一気に面白くなるはずです。そうすれば、これまでなんとなく見ていた数字の関係が、さながら「伏線回収」のようにつながって見えてくることでしょう。

　本書が、あなたにとって、多くの気付きが得られる1冊であれば、大変幸甚に存じます。

　2023年2月

　　　　　　　　　　　　　　　　　　　　　石川和男

〈著者略歴〉

石川和男 （いしかわ・かずお）

合格率No.1簿記講師、税理士、建設会社総務経理担当役員。

1968年北海道生まれ。埼玉県在住。「偏差値30、名前を書けば全員合格」と言われた高校・大学を卒業後、建設会社に入社。経理部に配属されるが、簿記の知識はゼロ。上司に叱られ怒鳴られ、意志の弱さから毎日飲み歩き遊びまくりの生活を続け、気づいたときには30代に。そんな不安を打ち消すため、一念発起して日商簿記3級の勉強を始める。その後、日商簿記2級、宅地建物取引業主任者試験、1級建設業経理士と、難易度を上げながらなんとか合格。

建設会社退職後、税理士試験に挑戦するも2年で一度挫折。しかし、通っていた大手専門学校で講師として採用される。当時35歳という年齢での採用は異例の抜擢だったが、はじめて受け持った担当クラスが全員合格。偏差値30から教える立場になったという経歴から、理解できない気持ちが理解できる講師と評判になり人気講師に。

また、建設業経理事務士や宅地建物取引業主任者資格を持っていたため建設会社にも就職。2年間無職だった生活から、土日は専門学校の講師、平日は建設会社の総務経理を担当するまでに。最終的に、3年間休止していた税理士試験にも再度挑戦し合格。

偏差値30の全員合格の高校を卒業してから35年目の現在、税理士、建設会社で総務経理を担当しながら、簿記講師として全国各地でセミナーを開催している。

『会計の用語図鑑』（KADOKAWA）、『仕事が「速いリーダー」と「遅いリーダー」の習慣』『「残業しないチーム」と「残業だらけチーム」の習慣』（ともに明日香出版社）、『仕事が速い人は、「これ」しかやらない』（PHP研究所）など著書多数。

装丁——————————小口翔平＋後藤司（tobufune）
図版・本文デザイン————桜井勝志

決算書は、「ここ」しか読まない

企業の伸びしろを1分で見抜く「読み方のルール」

2023年3月29日　第1版第1刷発行

著　者	石　川　和　男
発行者	永　田　貴　之
発行所	株式会社PHP研究所

東京本部　〒135-8137　江東区豊洲5-6-52
　　　　ビジネス・教養出版部　☎03-3520-9619（編集）
　　　　　　　　普及部　☎03-3520-9630（販売）
京都本部　〒601-8411　京都市南区西九条北ノ内町11
PHP INTERFACE　https://www.php.co.jp/

組　版	有限会社エヴリ・シンク
印刷所	図書印刷株式会社
製本所	

PHPの本

仕事が速い人は、「これ」しかやらない

ラクして速く成果を出す「7つの原則」

残業ゼロでも成果を出す人は、一体何をしているのか？　自分の時間が劇的に増える「賢い力の抜き方」を紹介！

石川和男　著

定価　本体一、五〇〇円
（税別）

ワークブック 仕事が速い人は、「これ」しかやらない

ラクして速く成果を出す「力の抜き方」

石川和男 著

書き込みは一見遠回りなようでいて、仕事が爆発的に速くなる近道！ 3万部突破の『仕事が速い人は、「これ」しかやらない』実践編。

定価 本体一、一五〇円（税別）

PHPの本

できるリーダーは、「これ」しかやらない

メンバーが自ら動き出す「任せ方」のコツ

リーダーが「頑張り方」を少し変えるだけで、部下は勝手に頑張り出す！　部下への〝任せ方〟を知らないばかりに疲れているリーダー必読！

伊庭正康　著

定価　本体一、五〇〇円
（税別）

[図解&ノート]できるリーダーは、「これ」しかやらない

9割のマネジャーが知らない「正しい任せ方」

15万部ベストセラーの「図解・ノート版」がついに登場。チェックリストと書き込みにより、誰でも「任せられるリーダー」になれる!

伊庭正康 著

定価 本体一、二五〇円
（税別）

PHPの本

できるリーダーは、「これ」しかやらない［聞き方・話し方編］

メンバーが自ら動き出す「30の質問」

16万部ベストセラーの「コミュニケーションノウハウ」を1冊に凝縮！　指示・命令から雑談、1ON 1まで豊富な会話例を元に解説。

伊庭正康　著

定価　本体一、五〇〇円
（税別）

できる社長は、「これ」しかやらない

伸びる会社をつくる「リーダーの条件」

毎日忙しいのに業績があがらない…そんなトップ必読！　人気経営コンサルタントが教える、できる社長がやっている「正しい頑張り方」！

小宮一慶　著

定価　本体一、五〇〇円
（税別）

勝てる投資家は、「これ」しかやらない

MBA保有の脳科学者が教える科学的に正しい株式投資術

YouTube登録者数15万人超、著書累計55万部突破！　再現性を追求したまったく新しい投資術。

上岡正明　著

定価　本体一、五〇〇円
（税別）

年収1億円になる人は、「これ」しかやらない

MBA保有の経営者が教える科学的に正しい「成功の法則」

ビジネス系人気ユーチューバーが成功本100冊と成功者を分析してわかった！ お金持ちになるための行動パターンと思考ルール。

上岡正明 著

定価 本体一、五〇〇円
（税別）

PHPの本

資格試験に一発合格する人は、「これ」しかやらない

忙しい社会人のための「割り切る勉強法」

開成→東大→法科大学院→司法試験一発合格の「試験勉強の神」が伝授する「最小労力」×「最速最短」＝「最高の結果」を出す勉強法。

鬼頭政人 著

定価　本体一、五〇〇円
（税別）

ＰＨＰビジネス新書

ざっくりわかる「決算書」分析

難解な決算書から、その企業の強みや弱点、そして将来性を知るための「たったこれだけのポイント」とは？　経営分析入門の決定版。

石島洋一　著

定価　本体八九〇円
（税別）

PHPビジネス新書

決算書ナゾトキトレーニング

7つのストーリーで学ぶファイナンス入門

決算書の裏に隠された企業の戦略や真の狙いに、あなたは気づけるか？　対話で決算書からビジネスモデルを解き明かす「7つの物語」

村上茂久　著

定価　本体九〇〇円
（税別）